APARECIDA

RODRIGO ALVAREZ

APARECIDA

A biografia da santa que perdeu a cabeça, tornou-se negra, foi roubada, cobiçada pelos políticos e conquistou o Brasil

1ª edição

EDITORA RECORD
RIO DE JANEIRO · SÃO PAULO
2023

CIP-BRASIL. CATALOGAÇÃO NA PUBLICAÇÃO
SINDICATO NACIONAL DOS EDITORES DE LIVROS, RJ

A475a   Alvarez, Rodrigo
         Aparecida : a biografia da santa que perdeu a cabeça, tornou-se negra, foi roubada, cobiçada pelos políticos e conquistou o Brasil / Rodrigo Alvarez. - 1. ed. - Rio de Janeiro : Record, 2023.

         ISBN 978-65-5587-853-0

         1. Aparecida, Nossa Senhora. 2. Santos cristãos - Biografia. I. Título.

                        CDD: 232.9109
23-86271   CDU: 929:27-312.47

Gabriela Faray Ferreira Lopes - Bibliotecária - CRB-7/6643

Copyright © Rodrigo Alvarez, 2014, 2023

Diagramação do encarte: Guilherme Peres

Todos os esforços foram feitos para localizar os fotógrafos das imagens reproduzidas neste livro. A editora compromete-se a dar os devidos créditos numa próxima edição, caso os autores as reconheçam e possam provar sua autoria.

Todos os direitos reservados. Proibida a reprodução, armazenamento ou transmissão de partes deste livro, através de quaisquer meios, sem prévia autorização por escrito.

Texto revisado segundo o Acordo Ortográfico da Língua Portuguesa de 1990.

Direitos exclusivos desta edição reservados pela
EDITORA RECORD LTDA.
Rua Argentina, 171 – Rio de Janeiro, RJ – 20921-380 – Tel.: (21) 2585-2000.

Impresso no Brasil

ISBN 978-65-5587-853-0

Seja um leitor preferencial Record.
Cadastre-se no site www.record.com.br
e receba informações sobre nossos
lançamentos e nossas promoções.

Atendimento e venda direta ao leitor:
sac@record.com.br

À minha amada Ana Cristina,
Aos meus incríveis filhos Hector, Rafo e Audrey,
E à minha mãe infalível.

SUMÁRIO

Apresentação: Um milagre dentro do milagre,
   por Laurentino Gomes   11

Introdução: Uma santa brasileira   16

ATENTADO E MISTÉRIOS: O RENASCIMENTO

Capítulo 1: A senhora dos milagres   27

Capítulo 2: *Atra nox et amara valde*   31

Capítulo 3: O possesso e os farelos sagrados   37

Capítulo 4: O renascimento da santa despedaçada   43

Capítulo 5: A nova cabeça da padroeira (e a cola argentina)   50

Capítulo 6: A santa de barro na fogueira das vaidades   58

Capítulo 7: O enigma   65

Capítulo 8: Últimos retoques   69

Capítulo 9: Segredos e despedidas   76

IDENTIDADE: APARECIDA

Capítulo 10: Maria da Conceição	85
Capítulo 11: Paternidade: desconhecida	91
Capítulo 12: Desaparecida	96
Capítulo 13: O conde sanguinário e o cronista faminto	101
Capítulo 14: O milagre em águas imprestáveis	115
Capítulo 15: Os primeiros devotos	122
Capítulo 16: A primeira guardiã de Aparecida	128
Capítulo 17: *Habemus santa*	133

TREVAS E REDENÇÃO

Capítulo 18: O século das trevas	145
Capítulo 19: A santinha dos ovos de ouro	151
Capítulo 20: O cônego, os bispos e o imperador	162
Capítulo 21: A basílica do baiano arretado	165
Capítulo 22: Reparação	174
Capítulo 23: Separação	179
Capítulo 24: Para redenção, contra desordem e corrupção, chamem os alemães!	181
Capítulo 25: A viagem dos redentores	186
Capítulo 26: Altötting brasileira	190

A RAINHA, OS PAPAS E OS PRESIDENTES

Capítulo 27: A princesa — 197

Capítulo 28: A rainha — 200

Capítulo 29: A escolha do cardeal — 203

Capítulo 30: "Aparecida, o Brasil é vosso" — 209

Capítulo 31: Escondam Aparecida! — 213

Capítulo 32: A santa dos generais — 217

Capítulo 33: A grande obra — 226

Capítulo 34: Seis horas em Aparecida — 234

Capítulo 35: Bento, o santo e a santa — 239

Capítulo 36: O papa argentino e a santa brasileira — 242

Notas — 246

Apresentação
Um milagre dentro do milagre

por Laurentino Gomes

A pesca milagrosa da imagem de Aparecida nas águas barrentas do rio Paraíba, em 1717, coincide com outro milagre na história do Brasil e de Portugal: a descoberta de ouro em Minas Gerais, que salvou a coroa portuguesa da ruína.

No final do século XVII, o outrora grandioso, aventureiro e rico império colonial português parecia estar com os dias contados. Sessenta anos da União Ibérica e quase um século de guerra contra os holandeses haviam arruinado os cofres públicos, aniquilado o comércio de especiarias no Oriente e reduzido substancialmente a vastidão dos territórios ultramarinos do reino. A economia do açúcar no Nordeste brasileiro estava em crise, pois, devido à concorrência de novos engenhos na região do Caribe, os preços caíam por excesso de oferta. Havia também novos concorrentes no tráfico negreiro, em que Portugal tinha sido praticamente monopolista até um século antes.

Por volta de 1695, ano da morte de Zumbi do Palmares, tudo mudou repentinamente com a notícia de que havia ouro nas regiões ermas do interior do Brasil. E, soube-se logo em seguida, também diamantes. Iniciava-se então uma das maiores corridas em busca de minerais e pedras preciosas de toda a história da humanidade. No século seguinte, a América portuguesa se tornaria a maior fornecedora mundial de ouro e diamantes. A população se multiplicaria por dez. Mais de um milhão de africanos escravizados desembarcariam em território brasileiro, para trabalhar em suas fabulosas minas. Um novo país, escravocrata e de dimensões continentais, começava a se desenhar no continente americano.

A data e o local exatos da descoberta do primeiro depósito de minerais preciosos são ignorados. O mais provável é que tenha ocorrido entre 1693 e 1695. Até essa época, Minas Gerais era uma terra escassamente habitada, mas já bem conhecida pelos bandeirantes paulistas. Em geral, para chegar a Minas Gerais, as expedições bandeirantes partiam do vale do Paraíba e, depois de cruzar a monumental serra da Mantiqueira, atingiam os Campos Gerais, que se estendem até os sopés da serra do Espinhaço. Esse território, inicialmente habitado pelos indígenas cataguases, era chamado de Minas dos Cataguazes.

No total, levava-se cerca de 25 dias de viagem entre as margens do rio Paraíba e os depósitos de ouro onde atualmente se localizam as cidades de Ouro Preto, Mariana e Sabará. Contando o tempo de permanência no território mineiro, os paulistas demoravam meses, às vezes mais de um ano, para ir e voltar. Nas rotas mais frequentadas, abriam clareiras e plantavam roças de mandioca, mas em geral dependiam, para sobreviver, da caça, da pesca e da coleta de frutas, mel e outros alimentos da floresta.

A corrida do ouro teve o efeito de um terremoto no império colonial português. Milhares de pessoas abandonaram suas casas, terras e famílias e partiram em busca de riqueza fácil nas novas áreas de mineração. Nos decadentes centros produtores de açúcar, senhores de engenho falidos mudaram-se para "as minas" com toda a sua escravaria, movidos pelo sonho de refazer rapidamente a fortuna. Os precários caminhos coloniais ficaram congestionados de homens e mulheres, jovens e idosos, brancos, negros e mestiços, nobres e plebeus, religiosos de diversas ordens, vagabundos, desordeiros e prostitutas. Uma onda de fome, violência e criminalidade assolou o interior do Brasil.

Os recém-chegados viviam em condições precárias e anárquicas, sem lei ou controle algum. Os crimes ficavam sem punição. Matavam-se pessoas à luz do dia, em ritos de grande crueldade. Os corpos eram esquartejados ou queimados. Fome, especulação nos preços, impostos escorchantes, contrabando, rebeliões e crimes violentos faziam parte da rotina das legiões de forasteiros. Minas Gerais era uma terra sem lei, à margem dos controles da metrópole portuguesa, assim descrita pelo padre jesuíta André João Antonil: "Não há ministros nem justiças que tratem ou possam tratar do castigo dos crimes, que não são poucos, principalmente dos homicídios e furtos (...) Nas minas a justiça humana não teve ainda tribunal nem o respeito de que em outras partes goza."[1]

---

1 ANTONIL, André João. *Cultura e opulência do Brasil por suas drogas e minas.* São Paulo: Edusp, 2007. p. 225 e 266.

Em 1717, a coroa portuguesa decidiu botar ordem na casa nomeando governador da capitania de São Paulo — que na época incluía o território de Minas Gerais — dom Pedro Miguel de Almeida Portugal e Vasconcelos, terceiro conde de Assumar e primeiro marquês de Alorna. Ao chegar à região das minas, Assumar descreveu o lugar com um tom sombrio em seu diário de viagem: "A terra parece que evapora tumultos; a água exala motins: o ouro toca desaforos; destilam liberdades os ares; vomitam insolências as nuvens; influem desordens os astros; o clima é tumba da paz e berço da rebelião; a natureza anda inquieta consigo e, amotinada por dentro, é como no inferno."[2]

Ao chegar de Portugal em meados daquele ano, o conde fizera uma travessia entre Rio de Janeiro e Santos, litoral paulista, de onde iniciara uma longa jornada rumo às regiões de mineração. Primeiro estivera em São Paulo, na época um vilarejo de pouco mais de 2 mil habitantes, onde a maioria dos moradores ainda falava tupi-guarani, a língua popular dos indígenas. Em seguida, atravessara o vale do Paraíba, região em que os moradores, conforme registrou em seu diário, eram "violentos e assassinos", responsáveis por nada menos do que dezessete homicídios no ano anterior. Na sua passagem pelo então vilarejo de Santo Antônio de Guaratinguetá, a câmara decidiu homenageá-lo com um banquete. Incumbidos de providenciar a maior quantidade possível de peixes, diversos pes-

---

2 Citado em GUIMARÃES, Carlos Magno. Mineração, quilombos e Palmares: Minas Gerais no Século XVIII. In: REIS, João José; GOMES, Flávio dos Santos (org.). *Liberdade por um fio*: História dos quilombos no Brasil. São Paulo: Companhia das Letras, 1996. p. 158.

cadores saíram de um porto particular na fazenda do capitão José Correia Leite, na vizinha Pindamonhangaba. Entre eles estavam João Alves, Domingos Garcia e Felipe Pedroso que, ao lançar suas redes, pescaram — primeiro o corpo, depois a cabeça — a imagem enegrecida de Nossa Senhora da Conceição, padroeira de Portugal, depois rebatizada como Nossa Senhora Aparecida. Uma santa negra e hoje padroeira do Brasil, o país no mundo de maior população negra ou descendentes de africanos fora da própria África.

Seriam esses três famosos pescadores homens escravizados? Embora não existam documentos a respeito disso, algumas pistas indicam que, provavelmente, sim. A primeira, mais óbvia, é que, nessa época, a pesca no Brasil era uma atividade executada por pessoas escravizadas, indígenas ou negros. A segunda é o fato de o capitão Correia Leite, de cuja fazenda partiram os barcos em outubro de 1717, ser dono de terras e muitos homens e mulheres escravizados. Eles aparecem registrados em testamento, como herança, depois de sua morte, em 1744. Três deles se chamavam João, Domingos e Felipe, os mesmos nomes dos pescadores da imagem da santa.

É este o cenário deste fascinante livro-reportagem sobre o mais importante episódio da história religiosa brasileira, contada com maestria por Rodrigo Alvarez, um dos mais conhecidos e experientes jornalistas brasileiros da atualidade. Uma obra fundamental, para crentes e não crentes.

Viana do Castelo, Portugal
Setembro de 2023

Introdução
Uma santa brasileira

Quando aquela imagem feia, miúda e quebrada apareceu na rede de três pescadores, em 1717, o Brasil estava longe de ser o Brasil. Ainda não se jogava futebol e, claro, nem se sonhava com seleção brasileira. Não existia samba nem sambódromo. O Brasil tinha suas araras e seus papagaios, mas ninguém poderia pensar que um dia seria o país do Carnaval. Não existia bandeira verde-amarela, não existia hino nacional, e ninguém se orgulhava da mulata. Um Cristo de concreto em tamanho gigante? Só duzentos anos depois.

Quando Aparecida começou a ser adorada numa capelinha na beira da estrada, a santa para quem os habitantes do Brasil costumavam pedir intercessões junto a Jesus Cristo era estrangeira, uma Maria da Conceição portuguesa que, aliás, tem tudo para reivindicar o posto de mãe de Aparecida.

O Brasil começava a construir sua identidade e precisava de tudo, inclusive de uma santa. Mas, afinal, por que Aparecida? Por que uma santa de barro frágil, pequena e quebrada, sem nada do luxo de outras santas maiores, de madeira nobre e pintadas a ouro, por que a pobrezinha Aparecida conquistaria os corações do Brasil?

A história dará muitas pistas. E trará dúvidas também. Mas o fato de ter sido um fenômeno popular, surgido espontaneamente entre famílias brasileiras que se não eram pobres também não eram ricas, somado ao fato de que a fé na santinha foi se espalhando de boca em boca, ajudou a fazer de Aparecida uma santa mais brasileira que qualquer outra. O próprio termo *brasileiro* para se referir ao povo daqui nasceu depois de Aparecida.

Será que contribuiu o fato de a imagem ter ficado escura, a ponto de ser chamada por alguns padres de santinha negra? Será que isso deu a Aparecida a coloração mestiça que nos separava de Portugal e, afinal, acabaria se tornando parte da identidade do povo brasileiro? É bastante provável.

Foi decisiva para a popularização da santinha brasileira a questão geográfica. A vila de Guaratinguetá, por onde passa o rio Paraíba do Sul, onde ela foi encontrada, não representava grande coisa na economia ou na política. Mas ficava no importantíssimo Vale do Paraíba, perto de ricas e enormes fazendas de café, bem no caminho por onde passava o ouro extraído do subsolo brasileiro em sua rotineira viagem até Portugal, por onde passavam também os negros escravizados que chegavam ao porto de Paraty para trabalhar nas fazendas.

A Estrada Real era ponto de passagem obrigatória de quem circulava entre o Rio de Janeiro, que em breve se tornaria capital, e as Minas de Ouro, que ainda não se chamavam Minas

Gerais. Era ponto de parada para descanso de quem viajava entre o Rio e a cada vez mais próspera capitania de São Paulo. Qualquer tropa – assim se chamavam as caravanas que iam em cima de jumentos, levando carroças – que levasse alguma carga valiosa, ou qualquer viajante que tivesse algo importante a fazer no Brasil do século XVIII, acabava passando por Guaratinguetá. É em grande parte graças às viagens de muitos estrangeiros pela Estrada Real que temos notícias detalhadas do começo desta biografia. E terem construído a primeira capelinha na beira da estrada foi, ainda que aparentemente sem nenhuma intenção, a melhor propaganda que alguém poderia encontrar.

A estrada, mais recentemente alterada e em parte rebatizada como rodovia Presidente Dutra, continua sendo a mais importante do Brasil. Apesar de mudanças no trajeto, que por um tempo foi chamado de Caminho do Ouro ou Caminho Velho, e de mudanças na localização dos templos de Aparecida, ainda pode-se ver do asfalto, do interior de um carro, ônibus ou caminhão, o enorme santuário dedicado à imagem de 36 centímetros.

Mas nada disso teria importância se Aparecida não atendesse os anseios dos fiéis. Se não fizesse milagres, ninguém se importaria em parar na capela pobre construída por Atanásio Pedroso. Ninguém viajaria léguas e léguas para passar a noite no chão da igreja modesta do padre Vilella e tirar a santinha do altar para fazer procissões às escondidas quando o padre fosse dormir. Ninguém se preocuparia em colocar mármore italiano na basílica de Monte Carmelo para aproximá-la dos mais nobres templos europeus. Por que, afinal, fariam naquele pedaço desinteressante do Brasil o segundo maior templo católico do mundo, menor apenas que a basílica de São Pedro, no Vaticano?

O primeiro milagre, acredita-se, é tão antigo quanto o próprio surgimento da imagem quebrada nas águas do rio. Conta-se que a pescaria estava péssima e só depois que a santinha decapitada foi encontrada é que os peixes se agitaram e pularam aos montes para dentro da rede, como no milagre bíblico da pescaria de Pedro. A partir daí, teve início milagre atrás de milagre. O das velas, o da onça, o de cada um dos brasileiros que se ajoelhavam diante dela. Até que se perdeu a conta de quantos favores de Deus foram atribuídos à intercessão de Maria por intermédio da santinha Aparecida.

Os agradecimentos são diários.

Mas é quando se aproximam as datas festivas, principalmente o Doze de Outubro, dia oficialmente dedicado a Aparecida, que os pedidos e agradecimentos se multiplicam.

Quando outubro desponta nesse pedaço do sul da terra, grupos de romeiros entram pelo acostamento da Dutra. Em questão de instantes, eles vão avistar outros romeiros, e a esses vão se juntar outras centenas, que vão entrar na estrada por outra, outra e outra cidade. Em seguida, somando-se àquele que vem sozinho, e àquele outro que vem empurrando o companheiro na cadeira de rodas, serão milhares de brasileiros a caminho de Aparecida. Sim, desde 1928, a santinha tem sua própria cidade.

O lugar, cenário de quase tudo o que narramos neste livro, fica entre duas serras, quinhentos metros acima do nível do mar e, pelo que a fé dos católicos vem demonstrando ao longo desses três últimos séculos, mais perto do céu que qualquer outra parte do Brasil.

A sensação de que Deus está muito perto nasce do fato de se ter encontrado ali a escultura de barro à qual se atribuíram, e continuam se atribuindo, milagres, como o inacreditável rompimento das correntes de um negro escravizado no momento em que ele passava perto da santa. Apesar da altitude, e desses mistérios que a ciência não explica, Aparecida vive rodeada por coisas comuns, boas e más, aqui da terra.

Ao longo de três séculos, a imagem de barro vem sendo cultuada com grande alvoroço e com interesse muito particular de alguns homens que, ao se aproximarem dela, pegaram gosto, demasiadamente até, por aquilo que não lhes deveria pertencer: as generosas doações deixadas pelos fiéis. Primeiro abrigou-se a imagem num oratório doméstico, depois numa capela, mais tarde numa basílica e, por fim, numa construção tão grandiosa que se achou por bem promover o lugar a cidade-santuário.

É para o Santuário Nacional de Aparecida que peregrinam, todos os anos, milhões de brasileiros com milhões de objetivos particulares, que, se olhados com atenção, se resumem basicamente a dois: pedidos e agradecimentos à Virgem Maria, a mãe de Jesus Cristo, ali representada pela escultura oficialmente reconhecida pelo Vaticano como Nossa Senhora da Conceição Aparecida.

O jogador de futebol leva um pé de madeira para agradecer, aos pés da santa, os santos gols que o pé direito dele marcou na final do campeonato. O vereador recém-eleito viaja longas distâncias para agradecer os votos que o povo lhe deu na semana anterior e pagar a promessa feita antes da eleição. A mãe se ajoelha diante da imagem porque está convencida de que sem as graças de Aparecida a filha doente não tem a menor chance de sobreviver.

E assim, para pedir e agradecer, vai o Brasil.

Grande parte viaja de ônibus. Seja no que saiu de Santa Luzia do Paruá, seja naquele que vem de Parnaíba ou no que chega de Parelheiros, São Paulo. Como milhares de brasileiras, a organizadora de uma excursão foi batizada com o nome de Aparecida e, ano após ano, quando outubro se aproxima, sente algo que entende como um chamado divino para cumprir a missão de bater de porta em porta e convocar os vizinhos para a viagem. No fundo do ônibus alugado por Aparecida, encontra-se um menino que sofre de problema neurológico grave. Ele quer encostar a cabeça no altar da santinha para não ter mais que sair da sala de aula com a cabeça latejando, depois de sofrer convulsões.

Quando outubro chega, por serem as vésperas da data escolhida para comemorar o Dia da Padroeira do Brasil, parece que o país inteiro peregrina para o santuário. Ainda que os regionalismos façam alguns dizerem Paricida ou Nossinhóra, é de Aparecida que estão falando. Mesmo o motorista do ônibus, calculando que aquela será, talvez, a 33ª vez que passará aos pés da santinha, poderá exclamar "Nossa!" e cair no choro ao parar no guichê e pagar pelo estacionamento avistando a multidão de joelhos. Por causa da lotação, quase esgotada, ele é obrigado a estacionar no alto do morro, longe da entrada do santuário, mas não desanima: "Nossa! Toda vez que venho aqui é como se fosse a primeira vez."

Se alguém disser Nó!, é porque chegou de Goiás ou de Minas. É como se por aquelas bandas se tenha mais pressa de clamar por Nossa Senhora da Conceição Aparecida quando algo inesperado, inacreditável ou milagroso acontece. E quando finalmente amanhece o dia 12 de outubro, na ponta do morro de onde se avista a igreja gigante, as expressões que se ouvem são de espanto: Nossa Senhora! Minha Nossa Senhora Aparecida! Nossa! Santa Maria! Minha Santíssima! Nó!

Espanto com o tamanho que tem o santuário. Espanto porque os ônibus se contam às centenas, e os carros, aos milhares. E as pessoas? "Minha nossa!", são dezenas de milhares.

Na rua asfaltada que leva até a escadaria no alto do morro, vão-se encontrar muitas famílias em situação parecida com a da pequena Indianara: pais, tios, irmãos – oito pessoas –, e todas elas ajudando a empurrar a cadeira de rodas para pedir à santa pela recuperação da menina. O pai conta que, na outra romaria, quando ainda mal sabia falar, Indianara fora caminhando com os próprios pés até o altar, e não tinha doença nenhuma. "Depois que voltamos daqui, ela pegou meningite e passou por onze cirurgias." Então, ele conclui, para surpresa de quem o escuta: "A gente voltou para agradecer pela vida dela."

O visitante que não conhece bem os caminhos tortuosos de Aparecida fica confuso, sem entender por que algumas famílias agradecem aquilo que outras reclamariam. Se Indianara caiu doente justamente depois de passar pelo santuário, por que a família só atribuía a parte boa à intervenção da Senhora? Por que a sobrevivência de Indianara era uma graça, e a meningite não era uma desgraça?

O visitante vê muitas crianças carregadas nos braços dos pais quando descem a escadaria de pedras. O esforço é visível no suor e no cansaço de quase todos ali. Nos dias e nas noites de caminhada dos romeiros, nas horas de pedaladas dos ciclistas, na noite maldormida daqueles que chegaram com os rostos amassados e os cabelos desarrumados, depois de, em alguns casos, mais de 2 mil quilômetros como sardinhas em ônibus. O visitante não vê ninguém reclamando, pois o esforço é parte do preço a pagar pela graça obtida ou por aquela que ainda está por chegar.

Depois de enfrentar a longa fila e subir a rampa que leva até a imagem no interior do santuário, o visitante reencontra muitos daqueles que viu pelo caminho. Avista inúmeros outros romeiros, mas a sensação de irmandade é tamanha que até a alma mais cética é levada a encarar todos como se fossem velhos conhecidos. Como, por exemplo, o motorista de cabelo escasso que se encontrou mais cedo e está agora diante da imagem, olhando para o alto, fazendo o sinal da cruz e deixando escorrer um rio pelo rosto. "Ela é minha mãe, é minha mãe morena!", ele diz, abraçando alguém que passa por perto.

No decorrer de uma manhã, o visitante vê cenas muito parecidas, como se fossem repetições de um mesmo filme. Uma senhora e sua filha permanecem horas ajoelhadas embaixo do nicho de ouro com vidro blindado que protege Nossa Senhora Aparecida. Mulheres e homens sobem a rampa com um terço numa das mãos e um telefone celular na outra, fotografando o momento em que se aproximam da imagem. Muita gente sobe a rampa levando as chaves e os documentos de seus carros, agradecendo à santinha por tê-los salvado de gravíssimo acidente de trânsito. Homens levam miniaturas de suas casas para expressar gratidão pela casa de verdade que, com sua santa ajuda, conseguiram erguer. Um homem de bigode longo e botas de couro vai descendo de joelhos pela contramão, obrigando os fiéis a abrirem caminho enquanto ele chora convulsivamente. Mesmo quem não quisesse veria uma mulher muito rica aos prantos contando aos ventos que está ali porque a cura da filha acidentada só foi possível pela intervenção de Nossa Senhora da Conceição Aparecida. O visitante encontra uma mulher que se chama Maria Aparecida, cuja filha se chama Cida, cuja filha se chamará Conceição.

Assim são os outubros, e quase todos os fins de semana; assim tem sido nas últimas décadas e, com mudanças apenas na enormidade da fé, nos três últimos séculos. É provavelmente essa mistura de fé com paixão e identificação que nos permite entender Aparecida como o primeiro símbolo verdadeiramente nacional, a figura mais antiga de nossa história que representou a unidade do Brasil. Ainda que tenha demorado a deixar de ser um fenômeno local, e depois regional, para se tornar a santa de todos os brasileiros, pois até mesmo aqueles que, por questões religiosas, não se sentem próximos à santinha sabem que ao ver aquela imagem triangular, com manto azul de veludo e seus bordados em ouro, com o rostinho escuro quase escondido embaixo da coroa desproporcionalmente grande e rica, estão vendo um pedaço do Brasil.

ATENTADO E MISTÉRIOS: O RENASCIMENTO

Capítulo 1

A senhora dos milagres

Do barro da terra, o escultor fez a mulher. Deu-lhe retoques cuidadosos nas narinas, para que o nariz não ficasse nem muito fino nem muito largo. Arredondou tanto as bochechas e as fez tão gordinhas que elas desabaram pelo rosto até se juntarem ao pescoço, deixando apenas uma sobrinha de queixo. Moldou-lhe os lábios carnudos e os olhos em forma de amêndoas, levemente caídos. Desenhou seus cabelos lisos para que escorressem pelas costas até quase a cintura, encobrindo parte do manto volumoso que lhe escondeu o corpo, só fazendo notar uma barriguinha maior que o normal para quem não passa dos seus quinze anos de idade. Quis enfeitar a mulher e colocou-lhe quatro flores, duas acima das orelhas, duas sobre os ombros. Criou também um diadema, como aqueles usados pelas rainhas, segurando os cabelos para que não lhe caíssem sobre a testa. Além do rosto, só ficaram descobertas as mãos espalmadas em forma de amém.

Aos pés da mulher, como se sustentasse o seu peso, e sua própria existência, o escultor acrescentou-lhe a cabeça e as asas de um anjo, provavelmente o mensageiro Gabriel, que anunciou a Maria que estava grávida e deu à mãe de Jesus uma de suas poucas citações de destaque nos evangelhos sagrados da Bíblia cristã, a mais importante delas, conhecida como Anunciação. Enfim, o escultor deu-se por satisfeito e colocou sua obra no fogo.

Quando o processo de cozimento terminou, a santinha tinha a pele acinzentada, e algumas partes, rosadas. Depois que ela esfriou, o escultor aplicou-lhe uma tinta azul-escura sobre o manto ondulado que descia pelas costas. Aplicou uma tinta vermelha no que seria o forro do manto, e tratou de preparar uma tinta clara, porque aquela Senhora que um dia vai se chamar Aparecida não nasceu negra. Logo que o escultor terminou, ela ficou branquinha da silva. Ou melhor... da Conceição. Pois esse era seu nome de batismo: Nossa Senhora da Conceição.

Apesar de tamanha importância histórica, não se sabe exatamente em que dia deu-se essa criação. Se estava chuvoso ou ensolarado, se era sábado ou domingo, primavera ou inverno. Se pudéssemos voltar aos anos 1650 para investigar, é possível imaginar que o escultor desconhecido se lembraria vagamente das circunstâncias em que produziu a imagem, mas dificilmente guardaria algum detalhe. Aquela Conceição era só mais uma, e sem nada que lhe fizesse candidata ao altar principal de uma igreja, muito menos ao posto máximo da fé brasileira. Afinal, daquele barro nasceu uma mulher de pouca beleza, sem ouro, sem a madeira nobre de tantas outras Senhoras e, ainda, discreta demais, com menos de dois palmos de altura.

Pelo costume daquela época, quando o Brasil ainda era uma colônia portuguesa, a pequena Conceição, pesando pouco mais de dois quilos e meio, jamais brilharia em grandes palcos. Quando muito serviria para ornamentar as laterais de um altar na capela de uma fazenda paulista. Ou, quem sabe, um pequeno oratório de madeira na casa de alguma família de portugueses no Rio de Janeiro.

Se aquela Nossa Senhora não chamou a atenção entre as muitas outras santas de barro que saíram do mesmo forno, no dia em que se quebrou, alguns anos depois, aí é que não haveria nenhum motivo mesmo para guardá-la. E assim ela foi jogada nas águas do rio. Pois santo quebrado, qualquer católico sabia, era certeza de mau agouro.

Tudo indica que a Senhora de barro não passou mais do que cinco anos perdendo tinta e acumulando lodo no fundo do rio, até que, em 1717, foi pescada, a cabeça separada do corpo. Foi quando moradores da vila de Guaratinguetá receberam ordens oficiais para colocar todos os peixes que houvesse no rio Paraíba do Sul na mesa do novo governador. Curiosamente, no entanto, tudo indica que o banquete jamais aconteceu. O pescador João Alves embrulhou a escultura feia num pano e logo se livrou dela. Entregou-a ao amigo Felipe, que colou e cultuou a santinha quebrada por quinze anos em casa, até entregar a milagrosa "aparecida" ao filho Atanásio.

Construiu-se, então, uma igreja para abrigar a agora oficialmente Nossa Senhora da Conceição Aparecida. E lá, certa vez, um escravizado acorrentado se ajoelhou diante da Senhora. Enquanto rezava, viu suas correntes se romperem sem qualquer explicação que não fosse o sobrenatural, ou aquilo que só Deus explicaria, como de fato se acredita que tenha explicado. No século seguinte, o XIX, quando rendia uma pequena fortuna à Igreja, a ponto de ter até ajudado a pagar as contas do príncipe regente dom João, Nossa Senhora Aparecida ganhou sua primeira basílica e passou a viver num cofre de ouro e vidro a mais de dois metros do chão. Foi antes de ver o Império de sua família virar República, antes de libertar os escravizados com sua lei Áurea, que a princesa Isabel viajou ao interior de São Paulo para rezar diante da santa, que a muitos parecia negra como os escravizados, e lhe deu de presente a coroa de ouro com diamantes. Noutra visita, presenteou-lhe com o manto de veludo azul que para sempre esconderia a cicatriz que a santinha trazia no pescoço e que, até então, nenhuma cola tinha conseguido juntar.

Aparecida virou rainha, virou padroeira. Já num tempo não muito distante do nosso, a pedido dos generais que mandavam na recém-construída Brasília, passou cinco anos viajando o país, ganhando fama, realizando o que se acredita terem sido muitos outros milagres, e acumulando fortuna suficiente para que lhe roubassem o cofre descaradamente e, ao mesmo tempo, lhe construíssem uma igreja gigantesca.

Será durante a obra desse novo santuário, quando ainda estiver na velha basílica, que Aparecida sofrerá um golpe terrível. Voltemos então a 1978, um ano turbulento que mudaria para sempre a história da Senhora de quase todos os milagres do Brasil.

Capítulo 2

Atra nox et amara valde

O céu de Aparecida ficou escuro como se Deus estivesse num daqueles dias zangados, como quando mandou um dilúvio de quarenta dias para punir os homens por suas maldades e só salvou a família de Noé. Tempestades de verão eram comuns nas montanhas do interior de São Paulo, mas era outono, e fazia tempo que o céu não ficava daquele jeito.

"Quatro da tarde e já escuro?", estranharam. "Furacão? Presságio!", especularam. "É um sinal!", disse alguém. Disseram muitos, acreditando que aquele fenômeno estranho era uma mensagem divina, anunciando alguma coisa terrível em Aparecida. Mas as consequências imediatas foram completamente humanas. A ventania levantou tanta poeira sobre a cidade[1] que as pessoas desapareceram das ruas. Ambulantes que se espremiam no caminho dos romeiros até a basílica guardaram as barracas. Os donos das lojas colocaram as santinhas e as lembrancinhas para dentro e fecharam mais cedo. O povo assustado voltou para casa. As portas foram se trancando.

Naquele pandemônio, só mesmo quem vivesse alheio à realidade, acreditando que depois da ventania viria a bonança, ou quem estivesse isolado do mundo, dentro de uma igreja, por exemplo, poderia ficar inerte diante da violência do vento que arrastava tudo que aparecia pelo caminho.

Depois do caos, a cidade de Aparecida anoiteceu em silêncio, sem tanto vento.

Mas aí veio a chuva.

Atra nox et amara valde!, exclamaria mais tarde o padre encarregado de escrever o diário do santuário, ainda espantado com as consequências daquela "noite escura e muito amarga" de terça-feira, 16 de maio de 1978.

As nuvens passaram por cima da basílica, mas não atrapalharam a missa das oito. Caía só uma aguinha fina quando o padre Antônio Lino começou a distribuir as hóstias. Na hora em que os fiéis se arrependiam de seus pecados, as luzes se apagaram lá dentro. Eram pecados tão imperdoáveis que até Deus tremia? Ou era a confirmação do presságio anunciado pela ventania? A companhia de eletricidade daria sua contribuição ao misticismo dizendo, mais tarde, que nem sequer por um segundo faltou energia naquela noite. Se não faltou, quem apagou as luzes da igreja?

O interior da basílica ficou um breu. Alguém gritou. Quando viu um homem correr na direção do altar e avançar na direção da santinha, o padre Lino não teve dúvida: "Estão roubando Nossa Senhora!"

Os gritos ecoaram pela igreja.

Ouviram-se outros gritos.

Houve quem dissesse que, antes de cometer seu grande crime, o invasor rolou no chão e estrebuchou três vezes, como um demônio. Impactante, quase bíblico: o próprio diabo subindo à terra para atacar a mulher sagrada! Mas Rogério Marcos não estrebuchou e nenhum exorcismo foi feito para confirmar a suspeita de que o invasor estivesse possuído. Ele diria depois que um anjo comandava seus pensamentos. Um anjo do mal?

Seguindo as ordens do anjo, do diabo ou, como se veio a especular mais tarde, de um pastor enraivecido com a Igreja Católica, às oito horas e dez minutos daquela noite, o jovem possuído de fúria voou para cima da santinha. Saltou a uma altura de dois metros e vinte centímetros e alcançou o cofre de ouro com a frente de vidro, que dava proteção a Aparecida ao mesmo tempo em que permitia que ela fosse vista pelos fiéis. Rogério Marcos não conseguiu pegá-la no primeiro golpe. Foi parado por três folhas de vidro sobrepostas, que estavam ali justamente para evitar que tocassem na santinha.[2] Mas o rapaz era forte. Ou recebeu mesmo um empurrão do além? Saltou mais uma vez. Quebrou as placas de vidro. Deu um terceiro salto e, por fim, arrancou Nossa Senhora da Conceição Aparecida como quem arranca o coração do inimigo.

No momento da descida, a coroa de ouro que deixava a padroeira com seu ar de rainha ficou presa no vidro quebrado. Logo caiu, e ficou amassada. A cabeça teimosa, que pela enésima vez se desgrudava do corpo, voou rumo ao mármore do chão do altar. Espatifou-se. Quebrou-se em tantos pontos diferentes que já não era mais uma cabeça. Subitamente, a luz voltou.

Em meio aos gritos de padres, freiras e fiéis, Rogério Marcos, mais uma vez demonstrando desconexão com a realidade terrena, caminhou lentamente em direção à rua, com a mão direita sangrando, apertando o corpo escuro da santinha contra o próprio peito.[3] O guarda João Batista alcançou o invasor e puxou-o pelo braço. Não se sabe se por raiva, por medo, ou porque o guarda lhe deu um puxão forte demais, Rogério Marcos largou o corpo sem cabeça e saiu em disparada, de mãos vazias, pelas ruas quase escuras de Aparecida.

Saiu deixando para trás o barro que os católicos brasileiros haviam preservado desde 1717. Primeiro num culto particular, depois autorizado e abençoado pela Igreja. Sempre à custa de muito esforço e cola, para não se perder a cabeça que volta e meia se soltava do corpo. Agora, a imagem não tinha mais cabeça. Só quatro ou cinco caquinhos e muita poeira. E do corpo de Nossa Senhora da Conceição Aparecida restavam nada mais do que partes incontáveis, muitas delas irreconhecíveis. O barro esculpido mais de trezentos anos antes tinha virado um amontoado de pedaços e farelos sagrados espalhados pelo chão da igreja feita especialmente para abrigá-lo.

Depois de testemunhar a tragédia, fiéis saíram às pressas da basílica, dispostos a matar o invasor. O padre Lino, bom pastor querendo salvar o inimigo, começou a gritar em desespero algo como "é falsa! Não é a imagem verdadeira de Aparecida!".

As freiras Êgide e Efigênia não viram motivo para correr atrás do invasor e se apressaram em juntar os cacos. Logo apareceu mais gente, e o povo se atirou ao chão a catá-los. Alguns pensando em ajudar as freiras. Outros de olho no possível valor sobrenatural ou no ganho financeiro que poderiam extrair daquelas relíquias, que, para tristeza dos padres, acabariam sendo levadas para as casas de alguns fiéis. Na porta da igreja, mulheres aos prantos rezavam ave-marias. Algumas gritavam com as mãos apontadas para o céu.[4] Era o fim de uma história? O anúncio de um tempo de danação nas terras de Aparecida? O enterro definitivo da padroeira do Brasil?

Depois de atravessar correndo a praça da basílica, Rogério Marcos desceu a ladeira Monte Carmelo e correu pouco mais de um quilômetro. Sabe-se lá por que raio de coincidência, acabou sendo preso quando estava perto das águas do mesmo rio Paraíba do Sul onde a imagem foi encontrada pelos três pescadores.

Além da mão machucada pelos socos que deu no vidro que protegia a santinha, Rogério Marcos tinha cortes no braço direito e foi levado para a Santa Casa. Depois de receber curativos, foi transferido para a delegacia e, dois dias depois, para um sanatório. A Igreja não apresentou queixa. Tratou o agressor como um doente mental que não merecia cadeia ou qualquer atenção.

No dia seguinte, o advogado de Rogério Marcos reforçaria a tese de que tudo não passava de um ato de insanidade mental, querendo livrar o cliente de pena mais dura, mas certamente antecipando o que se veria ao longo de uma vida solitária, esquizofrênica, paranoica... de um homem que conviveria por anos e anos com a sensação atordoante de que um exu estava sempre por perto.[5]

Enquanto Rogério Marcos estava trancafiado na delegacia, fiéis faziam procissões carregando andores com imitações de

Nossa Senhora Aparecida. Para aumentar a confusão na cabeça do povo, os padres resolveram levar adiante a mentira desesperada do padre Lino, espalhando que não era a imagem verdadeira que tinha sido destruída. "Era uma réplica!", disseram.

A mentira não durou mais que um dia. O arcebispo de Aparecida, dom Geraldo Penido, divulgou uma mensagem em que dizia que a imagem quebrada durante o atentado era, de fato, a original. "Ladrão quebra a imagem da padroeira", estampou o jornal *O Globo*. "Imagem quebrada é a verdadeira", escreveu na primeira página a *Folha de S.Paulo*. "Tentativa de sequestro, ato de loucura, ou algo semelhante?", perguntou-se o arcebispo.

Na mesma mensagem, o arcebispo anestesiava a verdade para acalmar os fiéis. "Como das mãos do sacrílego se pôde recolher a imagem logo em seguida, será possível sua reconstituição."

A imagem não tinha sido recolhida. Caíra das mãos do sacrílego Rogério Marcos ou fora jogada de propósito no chão. Imagem, mas que imagem? Não mais. Eram pedaços. Seria possível juntar as migalhas e reconstruir Aparecida? Não do jeito que se gostaria.

Capítulo 3
O possesso e os farelos sagrados

No começo, disseram que eram três. Depois, estimou-se em dezenas. E, mais para a frente, contaram-se em mais de duzentos os pedaços recolhidos do chão da basílica de Aparecida. A cabeça, completamente partida, teve a face direita esmigalhada como se um trator lhe tivesse passado por cima. Só um milagre para reconstruir o maior símbolo da fé católica brasileira. E ninguém tinha ideia de como os padres fariam para trazer de volta à vida a imagem que movia multidões para aquele pedaço do Brasil.

Quatro dias depois, o arcebispo, os padres e o povo lotaram a praça em frente à basílica para o que foi chamado de "Ato de Desagravo a Nossa Senhora Aparecida". Padres e fiéis rezaram. Cantaram músicas de perdão dedicadas ao agressor Rogério Marcos. E muita gente chorou.

Ao mesmo tempo, numa sala reservada, fazia-se algo parecido com um velório. Num caixãozinho aberto colocado num altar com flores, a santinha aos pedaços estava exposta a padres e freiras que ali passavam alguns instantes rezando por ela. Despedida?

Ninguém sabia como, mas Nossa Senhora Aparecida voltaria a reinar entre eles. Seria feita do mesmo barro que um dia lhe trouxe ao mundo, mas ganharia outros materiais. E seu rosto passaria por uma cirurgia plástica tão profunda que, da Senhora destruída, praticamente só lhe restaria a alma. Ainda que pareça chocante, é a realidade.

Naquele dia apavorante, no entanto, a preocupação dos padres era levar a esperança de incontáveis brasileiros de novo ao altar. Dias depois do atentado, os padres pensaram em colocar uma réplica de Aparecida no lugar da escultura quebrada e não contar nada a ninguém. Mas a ideia lhes pareceu tão absurdamente perigosa que eles logo desistiram. Era o desespero vagando pelos corredores do santuário. Os padres não faziam outra coisa senão discutir o que fazer para a santinha renascer dos farelos sagrados que foram catados do chão da igreja.

Como não havia sobrado muita coisa por inteiro, ninguém sabia por onde começar a restauração. Nem como seria possível preencher aquele nicho de ouro com algo a que os fiéis voltassem a atribuir milagres. O assunto foi discutido em Aparecida, em São Paulo, no Rio, no Vaticano, pelos políticos em Brasília, pelos devotos país afora, e mereceu destaque nos principais veículos de comunicação.

O padre que escrevia o diário do santuário de Aparecida anotou que os jornais imprimiram comentários "bons, maldosos, falsos, inventados e apimentados, explorando o assunto ao máximo". Até que teve início a Copa do Mundo da Argentina, que daria um contestadíssimo título aos donos da casa e um reclamadíssimo terceiro lugar ao Brasil. E, por causa do futebol, a santinha saiu das primeiras páginas dos jornais. Curiosamente, sem que ninguém se desse conta, a salvação da Nossa Senhora brasileira viria justamente da Argentina.

Nos dias que se seguiram ao atentado, o Brasil finalmente ficou sabendo quem era o invasor atordoado. Rogério Marcos de Oliveira tinha dezenove anos, se apresentou à polícia como estudante, morava na rua Moscou, em São José dos Campos, e, aparentemente, vivia na lua. Seria frequentemente chamado de possesso ou débil mental. Não restava dúvida entre os católicos de que só alguém sem miolos, possuído pelo demônio ou drogado, atentaria contra a imagem que, para eles, representava a Mãe de Deus. Padres começaram a dizer que Rogério Marcos andava sob a influência narcótica dos sermões de um pastor, aparentemente possuído por uma raiva incontrolável daquilo que desde Calvino e Lutero era o alvo de grande parte da fúria dos protestantes contra os católicos: o culto às imagens e a adoração de figuras humanas. Especialmente, o culto a Maria.

João Calvino e Martinho Lutero, o teólogo e o monge que no século XVI inspiraram o movimento de Reforma do cristianismo, foram as bases das denominações religiosas protestantes que, mais recentemente, inspiraram o surgimento das igrejas evangélicas brasileiras. Entre muitas outras críticas às práticas católicas, os teóricos do protestantismo entendiam que o culto à Virgem Maria contrariava a lei de Deus, mais especificamente o que está nos primeiros livros do que os cristãos chamam de Velho Testamento e o que os judeus chamam apenas de Bíblia.

Foi em data imprecisa, mais de mil anos antes de Cristo, que Moisés deixou o Egito levando seu grupo pelo deserto em direção à terra que se acreditava ter sido prometida por Deus a Abraão.[6] Naquela época, o destino era Canaã, onde ficam hoje a Palestina, o Estado de Israel, a Jordânia e partes do Líbano e da Síria. No terceiro mês da viagem, sem jamais chegar ao destino, aqueles hebreus acordaram com o som de trombetas e uma terrível tempestade. Começaram a tremer.

Por ordem de Moisés, que cumpria ordens de Deus, saíram todos do acampamento e ficaram aos pés do Monte Sinai, ainda no Egito. As montanhas em volta deles estavam em chamas. Deus, a quem eles chamavam Javé, desceu dos céus.

Moisés falava com Javé, e ele respondia com trovões.

No meio da tempestade, Moisés enfrentou uma subida dificílima até o alto do Monte Sinai. E lá no alto, a sós com Javé, falou novamente com ele. Dessa vez, na língua dos homens. Foi quando aquele deus que se dizia ciumento começou a ditar-lhe os mandamentos. A primeira ordem foi para que Ele fosse o único deus do povo de Moisés: "Não terás outros deuses diante de mim."

A tradição judaico-cristã registra dez mandamentos, ainda que os dez mandamentos católicos sejam diferentes daqueles ditados por Moisés, aceitos até hoje pelos judeus e adotados pelos protestantes. É o segundo mandamento das tábuas de Moisés que interessa neste instante. Foi ele que alimentou grande parte da fúria de protestantes contra católicos. "Não farás para ti imagem esculpida de nada que se assemelhe ao que existe lá em cima nos céus, ou embaixo da terra, ou nas águas que estão debaixo da terra",[7] foi o que, segundo o livro do Êxodo, Deus disse a Moisés naquela longa conversa no alto da montanha.

Na linguagem objetiva do historiador judeu Flávio Josefo,[8] que foi praticamente um contemporâneo de Jesus, o segundo mandamento dizia para simplesmente "não fazer imagens de nenhuma criatura viva para adorá-la".

Os fundadores do protestantismo entendiam que imagens de santos, ou mesmo crucifixos com a imagem de Jesus, representavam algo sagrado e poderiam, sim, servir como lembranças. Nas palavras de Lutero, "memoriais". Mas cultuar essas imagens, adorá-las, venerá-las ou idolatrá-las, na visão ainda hoje pregada pelos pastores evangélicos, era uma forma inaceitável de idolatria e paganismo. E paganismo era mais que uma palavra feia, era a prova de um crime religioso.

Pagãos traíam o deus único de Abraão e Moisés, adorando muitos deuses, sem qualquer fidelidade. Podiam ser encontrados aos montes em praticamente todo o mundo dominado pelos romanos, nos tempos de Jesus Cristo, e também depois dele.

Se adorar imagens era proibido, e se um anjo lhe havia dito para atacá-las, Rogério Marcos teve motivos de sobra para avançar por duas vezes sobre um São José de barro. Foi na igreja que ficava perto de sua casa, na cidade de São José dos Campos, no interior de São Paulo. Num desses ataques, o "possesso" usou até a toalha que o vigário João Marcondes deixava no altar durante as missas. Pegou a toalha do padre e bateu no santo.[9]

Depois desse feito sem grandes repercussões, Rogério Marcos resolveu viajar 79 quilômetros, trocando São José por Aparecida, uma cidade pela outra, o santo pela santa, para dar um golpe definitivo na escultura mais importante do Brasil. Ao atacar Aparecida, atacava Maria e todos os católicos brasileiros. Mas, afinal, era verdade que Deus proibira os homens de esculpir e ter imagens de santos ou deuses? Ainda que fosse uma pequena escultura de Nossa Senhora, a mãe de Jesus?

Os judeus, os muçulmanos e, mais tarde, os protestantes entenderam que sim. Mas os católicos interpretaram a história de maneira diferente e resolveram descartar essa ordem de Deus a Moisés. E isso aconteceu porque, no Sermão da Montanha, Jesus apresentou uma nova versão dos mandamentos.

Segundo o Evangelho de Mateus, foi diante de uma multidão, depois que um homem perguntou o que deveria fazer para ser bom e ser admitido no Reino dos Céus. "Se queres entrar para a vida, guarda os mandamentos", disse Jesus. O homem então insistiu, querendo saber quais eram os mandamentos. E Jesus disse apenas seis: "Não matarás; não adulterarás; não roubarás; não levantarás falso testemunho; honrarás teu pai e tua mãe; amarás a teu próximo como a ti mesmo."

Jesus não fez nenhuma menção ao segundo mandamento. Nenhuma palavra do Messias proibia as esculturas. Nem mesmo os dez mandamentos reescritos mais tarde pela Igreja Católica apostólica romana fizeram menção às imagens.[10] Quando perguntados, padres católicos explicam que as esculturas são apenas representações daquilo que vem de Deus e que não devem ser adoradas.

"Tentamos mostrar aos fiéis que a devoção nunca deve ser dirigida à imagem achada no Paraíba, e sim ao que ela representa, a Virgem Maria", disse na época do atentado o superior dos Padres Redentoristas, José Carlos de Oliveira, num momento em que ninguém podia ter certeza se Aparecida, restaurada, reconstruída ou reinventada, iria ocupar, de novo, o lugar mais alto da fé brasileira.

Capítulo 4

O renascimento
da santa despedaçada

Parecia um caixãozinho de recém-nascido. Parecia a caixa de uma grande joia. Dependia de quem visse. Era indiscutível que havia ali algo muito precioso e que, se não fosse sagrado, de tão destruído que estava, ficaria perfeitamente bem guardado a sete palmos do chão. A santa despedaçada chegou a São Paulo numa caixa de madeira revestida com fórmica branca e forrada por dentro com um pano também branco, como se estivesse envolvida num sudário.

A caixa vinha trancada com uma pequena chave e escondia o que restava daquele corpo de barro, com seus dois quilos e 550 gramas distribuídos irregularmente em dezenas de partes minúsculas, e incontáveis farelos. As partes maiores estavam amarradas por um elástico. Partes médias vinham soltas na caixa, sobre o pano branco e chumaços de algodão. E as migalhas do que se imaginava ser a cabecinha da santa estavam numa caixa de plástico pequena, antecipando o que só mais tarde se revelaria uma inútil tentativa de salvamento.

Havia outra caixa de plástico ainda menor, que cabia na palma da mão, com fragmentos minúsculos e, junto deles, a poeira do chão da basílica. Tudo aquilo havia sido catado e varrido, do jeito que fora possível, naquela noite de afobamento, escuridão e rara ventania na cidade de Aparecida.

Os encarregados do valiosíssimo transporte foram dois padres, vestidos de paletós escuros como exigia a formalidade da circunstância, decididos a atravessar no mais absoluto segredo os 185 quilômetros que separavam a basílica velha, em Aparecida, da avenida Paulista, em São Paulo. E a romaria às avessas transcorreria sem problemas, e sem que ninguém tivesse a menor ideia do que era exatamente o que os padres carregavam.

Restaurar a santa fora de Aparecida tinha sido uma decisão difícil, que demorara mais de um mês para ser tomada. Eram muitas questões importantes a decidir, mas a demora se devia, principalmente, à teimosia de um padre. O padre Izidro de Oliveira Santos, reitor do santuário de Aparecida, acreditava que, ele mesmo, um artista, ainda que frustrado e jamais reconhecido como tal entre os colegas, poderia fazer o restauro. Afinal, se os padres já tinham se encarregado de tantos reparos e mudanças estéticas na imagem que tão bem protegiam, se até mesmo a reposição do cabelo comprido havia sido uma solução caseira, por que dessa vez o trabalho seria entregue a terceiros? E mais ainda: por que razão confiar a padroeira do Brasil a pessoas sem qualquer relação com a Igreja, sobre quem não se sabia nem mesmo se eram devotas?

O RENASCIMENTO DA SANTA DESPEDAÇADA

Contrariado e certo de que poderia ser ele próprio o responsável pelo renascimento da imagem, lá estava o ressentido e encafifado padre Izidro na sala de restauro do Masp. E ele andava ainda mais incomodado por dois motivos graves. Primeiro, porque sua autoridade de reitor havia sido aniquilada pela autoridade muito maior do cardeal arcebispo de São Paulo, que fora quem ordenara o restauro no museu. Depois, porque, por alguma razão que até o dia de sua morte ninguém explicaria direito, Izidro se sentia de alguma forma dono, ou pelo menos um protetor especial e muito particular da santinha. Até dormir ao lado dela, às escondidas, ele dormia.

Antes de sair do santuário, os padres se encarregaram de fotografar minuciosamente todos os cacos que entregavam para restauração. E para que não houvesse qualquer dúvida no futuro, fizeram a documentação acompanhados de um delegado e do procurador do estado de São Paulo.

Para os incontáveis milhões de devotos, para os párocos de todo o Brasil que oravam pela imagem, para os políticos que ansiavam por algum ganho entre seus eleitores, para a imprensa que buscava notícias que renderiam manchetes, e até mesmo para uma parte da cúpula da Igreja Católica, os padres não contariam a verdade: diriam que a imagem estava guardada em Aparecida, à espera de especialistas enviados pelo Vaticano. "A ordem é continuar no mais absoluto segredo sobre o local onde está a imagem", os padres anotaram no diário onde registravam os acontecimentos importantes de Aparecida.

A mentira, a suposta restauração pelos técnicos do Vaticano, só seria desfeita dois meses mais tarde por uma descoberta do *Diário da Noite*, um jornal que, não exatamente por acaso, havia sido presidido pelo mesmo executivo que comandava o Masp. Mas assim que a notícia vazasse, o restauro já estaria quase pronto, evitando que o trabalho fosse perturbado por uma enorme onda de ansiedade nacional. E fazia ainda mais sentido incluir restauradores italianos na história inverídica porque o diretor responsável pelos museus e monumentos do Vaticano naquele momento era um brasileiro.

Seis anos antes, o professor Deoclécio Redig de Campos ganhara fama internacional ao comandar os consertos na famosa *Pietà*, de Michelangelo. A equipe do professor reconstruiu partes inteiras da famosa imagem de Maria com Jesus nos braços depois que ela foi atacada a marteladas por um australiano de origem húngara que se dizia Jesus Cristo. E os padres bem que tentaram levar os pedaços de Aparecida ao Vaticano.

Izidro foi quem tentou. Se ele próprio, o reitor, não conseguira permissão para fazer o restauro, que fosse, pelo menos, um grande especialista.

Num dia frio, num inverno incômodo em que as temperaturas em Aparecida caíram a sete graus, padre Izidro telefonou para o Vaticano atrás de Deoclécio e perguntou ao famoso professor se ele aceitaria o desafio de restaurar a padroeira do Brasil.

Mas, sutilezas da vida, o brasileiro que vivia na Itália sugeriu ao reitor de Aparecida que procurasse um italiano que vivia no Brasil. E havia sido por causa daquele telefonema que, finalmente, depois de mais de um mês sem saber o que fazer com a santa despedaçada, seguindo as instruções do professor

Deoclécio, em 28 de junho de 1978, os emissários de Aparecida chegaram à avenida Paulista com aquele caixãozinho branco.

Eram aproximadamente dez da manhã daquela quarta-feira quando o padre Izidro e o padre Antônio Lino subiram ao elevador do Museu de Arte de São Paulo e foram recebidos pelo italiano Pietro Maria Bardi. O professor Pietro conhecia o Masp como ninguém. Tinha sido um dos fundadores do museu, em 1947, e desde então era seu diretor. Levou os visitantes pelo extenso corredor do primeiro andar até uma sala localizada no fundo para que conhecessem quem realmente colocaria as mãos no barro sagrado.

Na sala de restauro, vestida com um jaleco branco que lhe emprestava a autoridade de uma cirurgiã, a artista plástica Maria Helena Chartuni acompanhou atenta a colocação do caixãozinho branco sobre a mesa de mármore escuro onde ela costumava restaurar as obras de arte do museu. Quando o padre Izidro abriu a caixa misteriosa, ela fez o possível para esconder o pânico. Descobriu-se diante de uma imagem oca e frágil como casca de ovo, abandonada, implorando por uma graça.

"Vocês são católicos?", perguntou Izidro. "Sim", respondeu o professor Pietro. "Sim", concordou Maria Helena. A restauradora abandonara o catolicismo na adolescência e só se lembrava de Deus quando, como naquele momento, tinha um grande problema para resolver. Mas isso não poderia ser, não seria, obstáculo para o que mais importava naquele momento: o salvamento do maior símbolo da fé cristã brasileira. "Então, vamos rezar uma ave-maria para abençoar os trabalhos", continuou o padre Lino, aquele que entregava as hóstias no momento em que Aparecida foi atacada, e que depois do atentado ficara responsável pela guarda dos restos da santinha.

Rezou-se a ave-maria.

Ouviram-se muitas recomendações e, como quem confia um parente querido aos cuidados dos médicos na sala de emergência de um hospital, os padres de roupas escuras deixaram suas esperanças nas mãos de uma restauradora de quem eles jamais tinham ouvido falar e que via a imagem – eles não sabiam – apenas como uma representação material de Maria. Para ela, a santinha de barro não tinha nenhum valor espiritual.

"Isto aqui é só matéria, entendeu? Você não pode adorar a matéria!", continuaria pensando e dizendo Maria Helena Chartuni, mais de trinta anos depois, sem perceber que usava um argumento muito parecido com o que motivara o estudante Rogério Marcos a destruir a imagem.

A restauradora andava mais apavorada que a famosa figura de *O grito,* do pintor norueguês Edvard Munch. Fazia mentalmente as contas filosóficas, realistas e surrealistas do perigo que aquela missão lhe representava. A padroeira era um símbolo amado por grande parte dos brasileiros, tinha enorme valor cultural, o que Maria Helena respeitava muito. Ela sabia, no entanto, que estava com a corda no pescoço: ou deixava Aparecida inteira como no dia em que saiu do forno e ganhou vida num ateliê do interior de São Paulo ou podia ir se ajoelhando, rezando, pedindo a graça de conseguir um novo emprego em algum outro canto do mundo.

Quando os padres saíram da sala e o professor Pietro os acompanhou até a porta do Masp, Maria Helena ficou sozinha diante daquele caixão com a santinha quase irrecuperável. As duas em silêncio. E no vazio da sala de restauro, pensando no que faria para ressuscitar Aparecida, relembrou a primeira vez que a vira, mais de duas décadas antes.

Foi durante um passeio promovido pelo colégio SacréCoeur de Marie, comandado por uma congregação de freiras na cidade de São Paulo. A excursão de meninas pré-adolescentes fora até a basílica de Aparecida para conhecer a Virgem e rezar diante dela. Mas a pequena filha de libaneses achou aquilo tudo "horroroso". A palavra é dura, mas foi ela mesma quem a escolheu. Não gostou do clima de comércio que, segundo ela, era só o que havia em volta da basílica. Tudo lhe pareceu escuro naquele lugar e, o pior, não viu graça nenhuma na escultura. Saiu de lá, aos doze anos de idade, com a ideia reforçada de que a religião católica era "quadrada e medieval". Um pensamento que não tinha mudado praticamente nada naquela quarta-feira quando a santa surgiu fragilizada diante dela, quase que implorando misericórdia para voltar a sorrir.

De repente, como se a fé lhe tivesse brotado outra vez, como se conversasse com a mãe de Jesus, a restauradora rompeu o silêncio, ainda que em pensamento, quase que ordenando uma graça: "Você me colocou nesse problema, agora você vai me ajudar a sair dele!"

Capítulo 5

A nova cabeça da padroeira
(e a cola argentina)

A divina tragédia daquela jovem restauradora era tanta que só podia mesmo ser resolvida com uma bela ajuda dos céus. No primeiro dia, Maria Helena Chartuni apenas estudou e separou os cacos de barro. "Este pedaço pertence à base, este pedaço pertence ao manto", pensava enquanto ia trabalhando. Mas que sofrimento! Nada se encaixava.

No segundo dia, logo que chegou ao museu, a restauradora descobriu que sua sala estava isolada com cordas, tinha o acesso proibido aos outros funcionários e seria vigiada por seguranças pelas 24 horas de cada dia em que Nossa Senhora permanecesse ali. As chaves foram trocadas, e só ela, o professor Pietro, um fotógrafo do Masp e os padres teriam acesso ao interior da sala. Começava, então, uma rotina angustiante e, pior, cercada pelo que Maria Helena entendia como um ciúme brutal. Maus-olhados!

Nos salões do Masp, sem saber o que acontecia na área isolada, funcionários torciam o nariz para o tratamento diferenciado

A NOVA CABEÇA DA PADROEIRA (E A COLA ARGENTINA)

que, de uma hora para outra, estavam dando à restauradora. Maria Helena achava que eram todos invejosos, e evitava o contato. Fora do museu, mais de cinquenta artistas haviam se oferecido aos padres para recuperar a imagem. E só se acalmaram depois de serem obrigados a engolir aquela mentira de que a santinha despedaçada seria restaurada por especialistas do Vaticano.

Enquanto separava por ordem de tamanho as peças do quebra-cabeça que lhe haviam jogado sobre a mesa de mármore, Maria Helena se fazia uma pergunta dificílima do ponto de vista técnico: como colar os fragmentos de uma escultura feita mais de trezentos anos antes com barro de qualidade duvidosa e impregnada de umidade desde que fora jogada nas águas do rio? Como operar seu pequeno milagre artístico sem que os fiéis olhassem para a imagem restaurada com o espanto de quem vê a face de alguém querido mutilada, ou gravemente acidentada?

Era preciso agir como uma cirurgiã plástica, preocupada, antes de tudo, com a beleza da paciente. E o primeiro passo era descobrir a cola certa para aquela cirurgia. Uma cola que não secasse nem muito rapidamente nem muito vagarosamente, que lhe desse tempo para encaixar cada parte, certificar-se do ponto exato de encaixe e nunca mais mexer na imagem. Lembrou-se, então, de um artista que pouco antes restaurara vasos gregos para o museu.[11] Lembrou-se de que aquele argentino usava... uma cola argentina.

Era uma cola à base de epóxi, um tipo de resina plástica que se formava a partir da mistura do conteúdo de duas bisnagas, com a enorme vantagem de lhe dar preciosos dez minutos para fazer os encaixes. Sem falar que a cola era resistente a altas temperaturas, e não se deformaria nem depois de muitos anos.

A marca argentina Poxipol, que uniria os cacos sagrados da Nossa Senhora brasileira, podia ser encontrada em vários países até o momento em que este livro estava sendo escrito. Nas vendinhas da Cidade Santa de Jerusalém, por exemplo, há fartura de Poxipol. No site do fabricante argentino, a cola é anunciada como ideal para consertos gerais, sejam eles em casa, no trabalho ou em automóveis. Nenhuma referência a cabeças de presidentes ou santas de barro.

O artista visitante havia defendido as propriedades milagrosas da Poxipol e deixara algumas bisnagas na sala de restauro. E foi assim, com a cola argentina, no quinto dia de trabalho, que a padroeira do Brasil começou a renascer.[12]

A reconstrução começou pelos dois pedaços que resistiram melhor ao atentado, duas partes que formavam o manto de Nossa Senhora. Não aquele manto de veludo azul, que a princesa Isabel lhe deu de presente, mas o manto original de barro. As mãozinhas da Senhora, juntas em forma de oração, estavam intactas, e foram encaixadas facilmente aos dois pedaços grandes do manto.

E assim, lentamente, montava-se o quebra-cabeça.

Maria Helena ensaiava o encaixe, juntava as partes com fita adesiva tipo Durex e, só depois de se certificar da viabilidade da junção, aplicava a cola argentina. Começava a contagem regressiva: dez, nove, oito...

Ela usava aqueles dez minutos de flexibilidade da cola para firmar o encaixe e adicionar um pouco do farelo da santa para preencher os vazios. Depois, apoiava as peças no interior de uma caixa com areia para que elas não se movessem enquanto a Poxipol secava. Só quando a contagem chegava ao zero é que as duas peças se tornavam inseparáveis. E Maria Helena escolhia outras peças, para começar o processo outra vez. Assim, a restauradora reduziu os mais de duzentos fragmentos a 165 partes levemente maiores.

Mas, dali por diante, nada se encaixaria.

Ao se separarem, depois de três séculos, os pedaços de barro tinham se dilatado, e alguns estavam até um milímetro maiores que o espaço original que lhes caberia na escultura sacra.[13]

Como encaixá-los?

Bem, Maria Helena pensou: fazendo microcirurgias em cada um deles.

Com um esmeril motorizado, semelhante ao que é usado pelos dentistas para polir os dentes, a restauradora do Masp limou os pedacinhos para que eles voltassem ao tamanho original. Usou também um bisturi quando foi preciso cortar os excessos.

Os farelos e até mesmo a poeira do chão da basílica, que naquele momento era considerada uma poeira sagrada, foram sendo incorporados à cola argentina para que nada da escultura original se perdesse. Maria Helena moía os fragmentos até que eles virassem uma pasta e se transformassem, mais uma vez, em matéria-prima para reconstruir Aparecida.

A artista plástica contrariava os métodos tradicionais de restauração de obras de arte. Em vez de deixar o restauro visível, o que eternizaria um momento trágico mas importante da história da peça, fazia o possível para que ninguém se lembrasse dele, para que os fiéis não ficassem "desiludidos".[14] Tentava apagar o atentado da biografia da imagem e fazer com que Nossa Senhora da Conceição Aparecida voltasse a ser como antes. Até mais do que isso!

Maria Helena deixaria a imagem de barro, finalmente, imaculada, no sentido comum da palavra. Faria desaparecer a incômoda cicatriz no pescoço, a rachadura que desde o encontro nas águas do rio lhe separava o corpo da cabeça. Incorporaria, de vez, a volumosa cabeleira nas costas, que nunca foi encontrada, mas que, em restaurações muito menores feitas anteriormente, os padres tinham achado por bem lhe devolver.

Nesse árduo processo de reconstrução a partir dos pedaços originais, partes inteiras tiveram que ser recriadas com base no que era possível observar em duas réplicas, uma de gesso, outra de bronze, que os padres tinham deixado no ateliê de Maria Helena.

Mas ainda faltava a caixinha plástica transparente. E, dentro dela, a multifraturada cabeça de Nossa Senhora. Maria Helena percebia que não seria possível restaurar aquelas migalhas. Talvez fosse preciso fazer uma nova cabeça para a santinha.

Depois de analisar inúmeras vezes os fragmentos minúsculos, Maria Helena só encontrou cinco pedaços que poderiam ser identificados como pertencentes à cabeça. E chegou a uma terrível conclusão: era impossível restaurá-la. Impossível!

Nada mais se encaixaria. A menos que ela esculpisse pedaços inteiros do rosto para uni-los aos que haviam resistido. O fato era que não havia partes inteiras em quantidade suficiente para reconstruir o pedaço da santa que, em 1717, João Alves resgatou nas águas do rio Paraíba do Sul e entregou ao compa-

A NOVA CABEÇA DA PADROEIRA (E A COLA ARGENTINA)

nheiro Felipe Pedroso junto com o corpo encontrado minutos antes. Sem falar que pedaços importantíssimos haviam sido roubados ou perdidos no dia em que Rogério Marcos atacou o Brasil. A face direita havia desaparecido.

Assim como visitantes sumiram com blocos inteiros do mármore quebrado da *Pietà* de Michelangelo, obrigando os restauradores do Vaticano a arrancar um naco das costas da própria Virgem para refazer o nariz roubado, pedaços da imagem da Nossa Senhora brasileira foram levados por fiéis em meio à correria do atentado. Pelo menos, era nisso que se acreditava no Santuário.

Durante várias missas, nas semanas seguintes ao atentado, os padres pediram encarecidamente a quem quer que tivesse ficado com pedaços da escultura que os devolvesse. Mesmo com a garantia de anonimato, ninguém jamais devolveu parte alguma. Ou estava tudo ali no meio daquela poeira?

Sem resposta e sem solução aparente, a restauradora Maria Helena Chartuni partiu para o antes impensável plano B. Era sábado quando ela fez as primeiras cópias do lado direito do rosto da santinha a partir da réplica de bronze que tinha em seu ateliê.

No meio desse processo, Maria Helena encontrou mais um grave problema: ao ser reproduzida, a cabeça aumentava, como se ficasse inchada. E mesmo que a cabeça de Aparecida ficasse só um milímetro maior, como aconteceu na melhor das cópias, tal deformidade jamais seria aceitável para a escultura sacra. Sem falar que a restauradora constatou que as cópias eram malfeitas e não correspondiam à santinha original.

A restauradora voltou, então, aos fragmentos e, mais uma vez, teve certeza de que ninguém seria capaz de juntá-los, fosse com cola argentina, brasileira, chinesa ou paraguaia. Só restava uma alternativa: era preciso fazer uma nova cabeça para a santinha. Será que ficaria menos milagrosa? Menos sagrada?

Os padres do santuário sempre entenderam que a imagem era um sinal enviado por Deus e que, ainda que uma parte ou outra se perdesse, a imagem de Nossa Senhora Aparecida seria, para sempre, igualmente sagrada. Mas isso não era suficiente para consolar a restauradora agoniada.

Não teve jeito. Maria Helena usou suas habilidades de artista, se inspirou no que via nas réplicas deixadas pelos padres, olhou muito também para os pedaços do lado esquerdo do rosto de Aparecida que haviam resistido ao atentado, e esculpiu as partes que faltavam. Era praticamente uma nova cabeça. Sim, uma cabeça esculpida ao redor de alguns fragmentos originais seria a substituta da cabeça destruída no atentado.

E foi assim que Nossa Senhora Aparecida renasceu: a massa da marca Durepoxi foi unida à poeira deixada pelos sapatos dos peregrinos no chão da igreja, que vinha misturada com farelos de barro e alguns fragmentos um pouco maiores da escultura original. Com a massa que se formou a partir dessa mistura, e mais um pouco de cola argentina Poxipol, a cabeça da santa foi recriada pelas mãos da artista do Masp.

Era quase idêntica, ninguém que não a conhecesse muito bem notaria a diferença. Mas não era mais a cabeça da Nossa Senhora como no dia em que foi encontrada por João, Domingos e Felipe nas águas do rio Paraíba do Sul. Maria Helena

A NOVA CABEÇA DA PADROEIRA (E A COLA ARGENTINA

Chartuni fez até um cabelo novo, comprido, que escorria pelas costas e disfarçava a união entre o corpo restaurado e a cabeça nova. "Aquilo não era nem cabelo, era um cimento horroroso que estava lá", disse, em referência ao cabelo aplicado pelos padres décadas antes do atentado.

Os detalhes dessa cirurgia plástica não chegaram à boca do povo e ninguém mais falou no assunto, mas essa é a verdade nua e crua: em 1978, Nossa Senhora da Conceição Aparecida perdeu sua cabeça original. Para sempre.

Capítulo 6
A santa de barro
na fogueira das vaidades

Mesmo depois de reconstruída, a imagem era muito feia. Parecia mutilada como se tivesse sido vítima de queimadura ou grave acidente, operada de emergência sem os devidos cuidados. Se fosse exibida da forma como se via naquele momento na sala de restauro do Masp, muito provavelmente causaria espanto, até repulsa entre os fiéis. Era preciso embelezá-la. Enfeitá-la. Pintá-la.

Chegou, então, o momento de lidar com a dúvida delicada que surgira ao longo dos quase três séculos que haviam se passado desde o encontro da escultura sagrada nas águas do rio Paraíba do Sul: qual é a cor de Aparecida? Ela é negra mesmo como dizem alguns padres e fiéis? Ou é branca? É, por acaso, como Gabriela, cor de canela? O tom da pele da santinha voltava a ser objeto de acalorada discussão.

Por algumas vezes, durante o processo de restauro, o padre Izidro de Oliveira Santos – lembra-se dele? –, o reitor do santuário, que achava que deveria ter cuidado de Nossa Senhora em seu próprio quarto em Aparecida, foi até o Masp para ter conversas particulares e muito sérias com Maria Helena Chartuni.

Pelo relato da restauradora, o padre Izidro queria fazer de Nossa Senhora uma santa levemente mais clara. E Maria Helena, que achava o padre Izidro "um cretino" desde que ele aparecera na televisão com "as mãozinhas juntas, dizendo que tinham quebrado a Nossa Senhora e que iam levá-la ao Vaticano",[15] respondeu que jamais faria o clareamento da imagem. Não o faria porque não era hora de mexer naquilo, ela disse, tentando ganhar tempo com o padre reitor que tinha um poder bastante razoável sobre os destinos da restauração.

"As pessoas estão ainda muito chocadas com o acontecimento, padre. Eu tenho que respeitar a cor que ela tinha antes do atentado", disse Maria Helena, lembrando que, não importava o motivo, a cor de Aparecida no dia do atentado era quase negra.

A discussão, assim como muitos detalhes da restauração, ficou de fora do relatório oficial do Masp. O relatório, aliás, informa que "o padre Izidro manifestou satisfação pelos resultados obtidos".[16] Mas, nos bastidores, seu comportamento era completamente diferente.

A desconfiança do padre Izidro obrigara a restauradora a tirar Aparecida do Masp e levá-la a uma clínica de raios X no Anhangabaú, no centro de São Paulo. Era sábado, e o radiologista abriu a clínica unicamente para receber a paciente ilustre.

Depois de algumas horas fazendo testes, Maria Helena saiu de lá com três imagens que mostravam cada fragmento da santinha restaurada. Revelavam exatamente o que era barro, o que era cola argentina ou durepoxi, e acalmavam temporariamente a desconfiança do padre Izidro. Ele queria ter certeza de que Maria Helena mantivera no pescoço de Aparecida o pino de alumínio colocado por outro padre, numa antiga restauração.

Por exigência de Izidro, a restauradora usara cera de abelha e cera de folha de carnaúba para criar um cone comprido que serviria de recheio à imagem oca, envolvendo outra peça, o tal pino metálico que pesava mais de um quilo e dava sustentação ao corpo. Toda essa massa invisível seria unida à base de prata construída em 1875, garantindo assim que Aparecida ficasse de pé. A cera de abelha, também conhecida como cera da terra,[17] era usada para colar a santinha desde que ela fora encontrada, e por causa disso o padre tinha certeza de que resistiria ao tempo. Do material sintético, da cola argentina, Izidro duvidava.

Mesmo depois de exigir as provas científicas e de interferir bastante no trabalho da restauradora, o padre não estava nada satisfeito. Aliás, nunca esteve satisfeito com o andamento daquela restauração.

"Não precisava ter trazido para cá, porque nós lá em Aparecida tínhamos condições de restaurar [a imagem]", ele disse.

"Olha", retrucou a restauradora, "é fácil falar depois que a coisa está feita! Se vocês tinham condições, por que não o fizeram?"

O padre se calou.

Foram muitas as idas do padre-reitor-artista ao Masp para dizer a Maria Helena qual seria a maneira certa de trabalhar. Numa dessas visitas, Izidro levou um exemplar de uma revista que detalhava a restauração da *Pietà* de Michelangelo.

"Você tem que fazer exatamente assim", disse o padre.[18]

"Padre Izidro", ela respondeu, "a *Pietà* é de mármore. É outra coisa, é outro problema. Ela não foi despedaçada, foram só dois ou três pontos danificados."

Maria Helena sabia bem do que estava falando porque Deoclécio Redig Campos, o brasileiro que por acaso (e por competência, sem dúvida) era naquele momento o responsável pelos museus e pelas restaurações do Vaticano, tinha ido ao Masp anos antes contar os detalhes do trabalho que comandara na Santa Sé. E ela prosseguiu seu sermão ao padre Izidro: "A *Pietà* é uma imagem enorme! Esta aqui tem só 36 centímetros, é de terracota. Eu estou reconstruindo a imagem do jeito que tem que ser!"

Aparentemente sem argumentos, o padre voltou ao seu assunto preferido.

"Mas a cor tem que ser modificada!"

"Não vou mudar a cor porque a gente tem que respeitar a obra do jeito que ela veio", ela respondeu. "Se está perturbando a estética da imagem, a gente muda, mas eu acho que neste momento não é o caso de mudar a cor porque não é o momento psicológico."

O padre Izidro continuava argumentando que a cor original da imagem era mais clara, que era num tom de canela e não aquele marrom-escuro, quase negro. E o argumento dele fazia todo o sentido. As imagens de Maria feitas no século XVII em barro paulista cozido costumavam ser pintadas com cores claras, representando santas e santos de pele branca, talvez rosada, ou ainda num tom de canela como o padre Izidro insistia que fosse.

Ao longo da restauração, remexendo nos cacos da santinha, a restauradora tinha identificado uma única cor além do marrom quase preto que chegou ao nosso tempo. Eram resíduos de uma tinta vermelha que Maria Helena Chartuni atribuía à pintura original. Os únicos pigmentos de tinta que tinham resistido ao tempo em que a imagem passou dentro do rio e também ao banho de álcool que um padre dera em Aparecida em 1950 durante uma das inúmeras colagens do pescoço teimoso.

Por muitos séculos, e era assim também por volta de 1650, quando se acredita que a escultura tenha saído do forno, os mantos das Nossas Senhoras, fossem elas das Dores, do Rosário, do Calvário, da Piedade ou da Imaculada Conceição, eram quase sempre pintados de azul-escuro. Por dentro, provocando um contraste estético, havia um forro vermelho que estudiosos de arte sacra associam à virgindade da mãe de Jesus. E um pedaço de meio centímetro quadrado[19] do vermelho da virgindade havia resistido por mais de trezentos anos. Mas a discussão agora deixava a restauradora roxa de raiva. Que diabo era aquilo de querer mexer na cor da imagem que lhe entregaram?

"Vamos fazer uma coisa?", ela propôs com ironia. "Eu vou ensinar o senhor a rezar o pai-nosso e o senhor me ensina a restaurar! Está bom assim?"

"Você é muito agressiva", disse o padre Izidro, sem arredar pé da ideia de clarear Nossa Senhora.

E diante da insistência, contrariando sua rotineira impaciência, Maria Helena resolveu negociar.

"Se daqui a um ano vocês quiserem que essa cor fique mais clara, a gente faz!"

No fim do trabalho de restauração, Nossa Senhora Aparecida recebeu algumas demãos de tinta marrom-escura, tecnicamente descrita como "terra siena queimada", de acordo com a convicção de sua restauradora e conforme a sua cor no momento do atentado.

Assim ela foi exposta no dia 19 de agosto daquele ano, num salão do Masp, diante de sete pinturas de Nossas Senhoras que pertenciam ao acervo do museu. Aparecida voltava à sua caixa de ouro, prata e ferro, agora restaurada e reforçada com vidro à prova de bala.[20] E nessa mesma caixa-forte, tão pesada que eram precisos quatro homens para carregá-la, à uma e meia da tarde daquele dia, a santinha viajou, no ponto mais alto de um carro de bombeiros, acompanhada por uma carreata, de São Paulo a Aparecida.

Foi uma procissão como poucas vezes se viu: guiada por batedores da polícia, acompanhada por milhares de fiéis que festejavam a passagem de Aparecida nos trevos e entroncamentos da rodovia Presidente Dutra. A procissão era ainda mais grandiosa por causa da presença de um aviador que, desde a metade do caminho, acompanhava tudo em seu pequeno monomotor. Era um piloto experiente, com 55 anos de idade, 30 de aviação e um final trágico pela frente.

A procissão testemunhou o triste fim do piloto quando ele, provavelmente inebriado pela imagem belíssima daquele andor acompanhado pela multidão de fiéis, enganchou sua aeronave nos fios de alta tensão. O monomotor pilotado por

ATENTADO E MISTÉRIOS: O RENASCIMENTO

Daniel Chaim caiu em chamas, já sem uma parte da asa, ao lado de uma ponte, bem na entrada de Aparecida. E o aviador morreu, pouco depois, na Santa Casa da cidade.

Ainda no meio da confusão do acidente, a santinha passou a poucos metros do avião destruído e seguiu sem mais nenhuma escala até a basílica, aonde chegou às cinco da tarde daquele dia nublado.

Nos relatos oficiais sobre a missa e a queima de fogos, e durante todo aquele dia histórico em que estiveram presentes alguns bispos e o cardeal de São Paulo, chama atenção a ausência de qualquer menção ao reitor de Aparecida, o curioso padre Izidro de Oliveira Santos. Ou não quis acompanhar a procissão ou se fez tão discreto que não foi notado pelo cronista do santuário.

Mas quem disse que ele tinha a pressa de sair de cena?

Nem a história termina aí, nem o padre Izidro vai embora assim tão facilmente.

64

Capítulo 7
O enigma

Passada a euforia com o retorno de Aparecida ao santuário, ainda em meio ao luto pela morte súbita do papa Paulo VI, naquele mesmo agosto de 1978, o padre Izidro se fez notar outra vez. Nem sequer apareceu entre os padres, porque desde que a santinha fora restaurada em São Paulo, contrariando imensamente a vontade dele, o homem que a tratava como se fosse sua não queria contato com mais ninguém. Para deixar isso bem claro, padre Izidro pregou no mural de avisos do santuário uma carta de despedida, endereçada ao governo provincial e à província de Aparecida.

"Salve Maria! Declaro que renuncio definitivamente à voz passiva e não aceitarei nenhum cargo nesta província."[21] Até então era só o pedido de demissão amargurado de um reitor, o Izidro que, todos ali sabiam, andava muito irritado por ter sido obrigado a acatar as ordens do arcebispo e entregar a restauração da santinha a pessoas em quem ele não confiava e que, pior ainda, desconfiava de que não eram nem mesmo católicas.

ATENTADO E MISTÉRIOS: O RENASCIMENTO

Mas o padre artista, conhecido por sua capacidade intelectual, resolveu dificultar a vida de seus irmãos de batina e deixou uma mensagem curta com um enigma trabalhoso e, talvez, indecifrável naquele momento. Terminou a carta dizendo que os motivos de sua retirada estavam em quatro livros da Bíblia. Dois no Velho Testamento, dois no Novo.

O cronista oficial, encarregado de escrever o diário com os principais acontecimentos de Aparecida, registrou que estava completamente alheio ao assunto e que não fazia a menor ideia do que o padre Izidro queria dizer com aquele enigma.

Provavelmente, ninguém ali se deu ao trabalho de interpretar as últimas palavras oficiais de um padre que já vinha causando problemas e que, nos meses seguintes, se tornaria apenas um habitante estranho nas montanhas de Aparecida. Estavam todos muito mais interessados nos acontecimentos do Vaticano, como a coroação do papa João Paulo, o primeiro com aquele nome,[22] que aconteceria dois dias depois.

Eis a continuação, o enigma, na segunda e última linha da carta do padre reitor, com data de 1º de setembro de 1978.

"Seguem os motivos, baseados em Sl 24, 29; Jó 15, 25; 2 Cor 11, 26 e Gl 2, 4."

Mais de três décadas depois, com a clareza que só a distância nos dá, percebemos a importância daquele padre em momento tão crucial da história da imagem sagrada. Debrucemo-nos, agora, sobre o enigma que o curioso padre Izidro de Oliveira Santos deixou para seus colegas!

Não será tarefa simples.

O capítulo 24 dos Salmos não tem um versículo 29. Terá havido erro no registro oficial? A explicação mais provável é que padre Izidro se referisse a dois capítulos dos Salmos, o 24 e o 29, onde as escrituras trazem palavras parecidas e igualmente ressentidas. Lembrando que Javé, ou Iahweh, no Velho Testamento da Bíblia, é um dos nomes que os judeus davam a Deus.

"A ti Iahweh eu me elevo, ó meu Deus. Eu confio em ti, que não seja envergonhado, que meus inimigos não triunfem contra mim. [...] Volta-te para mim, tem piedade de mim, pois solitário estou, e infeliz." (Sl 24, 1-2, 16) "Eu te exalto, Iahweh, porque me livraste, porque não deixaste meus inimigos rirem de mim." (Sl 29, 2)

O padre podia se sentir traído por ter sido impedido de restaurar a santinha e talvez estivesse solitário, infeliz e envergonhado. Os trechos seguintes do enigma deixavam isso ainda mais claro.

"Porque estendeu a mão contra Deus e desafiou Shaddai." (Jó 15, 25) "Fiz numerosas viagens. Sofri perigos nos rios, perigos dos ladrões, perigos por parte dos meus irmãos de estirpe, perigos dos gentios, perigos na cidade, perigos no deserto, perigos no mar, perigos dos falsos irmãos!" (2 Cor 11, 26)

"Mas por causa dos intrusos, esses falsos irmãos que se infiltraram para espiar a liberdade que temos em Cristo Jesus, a fim de nos reduzir à escravidão." (Gl 2, 4)

Como disse com suas próprias palavras, padre Izidro queria renunciar "à voz passiva", não queria mais receber ordens das quais discordava. E, pelo que se entende do enigma, não

ATENTADO E MISTÉRIOS: O RENASCIMENTO

queria mais conviver com "falsos irmãos". Muito menos com "intrusos" que o queriam "reduzir à escravidão".

Padre Izidro abriu mão do cargo de reitor, mas, enquanto não encontravam substituto, foi obrigado a permanecer alguns meses zanzando por aquelas montanhas, ainda encafifado com o que tinham feito com a imagem sagrada naquela restauração que ele abominava, completamente solitário e, como anotou o padre cronista do santuário, "esmagado por seu perfeccionismo".[23]

Capítulo 8
Últimos retoques

Contemos em números exatos. Nem um a mais. Nem um a menos. Trezentos e quarenta dias depois do atentado, em 1979, quando a santinha brilhava impecável em sua nova pele, com sua nova cabeça e suas novas tintas, protegida por um vidro à prova de balas na basílica de Aparecida, Maria Helena Chartuni recebeu um telefonema desesperado.

"A senhora tem que vir até aqui", disse do outro lado da linha o padre Pedro Fré, o novo padre superior e reitor do santuário. "Maria Helena, nós precisamos muito falar com você, em particular, em segredo", ele continuou. "Não queremos que o professor Bardi saiba."[24]

"O que aconteceu?", Maria Helena perguntou. "Quebraram de novo? Se quebrar não tem mais conserto!", arrematou, com seu jeito sempre afiado.

Mais uma vez, o padre Izidro havia aprontado. Uma "cabeçudice", diria anos mais tarde o padre historiador Júlio Brustoloni,[25] lamentando mais uma série de atos apaixonados e estabanados do colega de batina com quem conviveu por muitos anos. A confusão começou meses antes daquele telefonema, ainda no histórico 1978.

Dez dias depois de pregar aquele estranho enigma no quadro de avisos para anunciar sua decisão de partir, enquanto ainda se preparava para abandonar o santuário, o padre Izidro levou adiante um plano silencioso, que soaria como uma grande vingança contra aqueles que em sua cabeça eram os "falsos irmãos" e os "invasores" que restauraram a santinha longe de Aparecida.

Era noite de segunda-feira, quando 11 de Setembro era apenas 11 de setembro.

Padre Izidro foi até a basílica e, sem que ninguém percebesse, tirou Aparecida de sua caixa-forte com vidro à prova de balas. Colocou no lugar da original uma cópia de bronze, devidamente pintada, vestida com o manto e a coroa para que ninguém percebesse a diferença. Saiu com a santinha debaixo do braço, caminhou pouco mais de oitocentos metros e chegou ao chalé onde vivia, no fundo do convento, no quarto 71.

Passou onze dias e noites com Aparecida escondida no quarto. E, por fim, chamou ao convento o escultor Benedito Vieira, dono de uma pequena fábrica de artigos religiosos instalada perto do santuário.

Não há certeza de que Benedito soubesse que se tratava da imagem milagrosa. Provavelmente, sim. Fato é que o padre levou o escultor até a cozinha do convento e o acompanhou enquanto ele preparava uma espécie de gelatina[26] para fazer um molde da imagem. A partir do molde, padre Izidro pretendia fazer cópias de Aparecida. Para quê? Talvez pretendesse colocar uma delas no lugar da imagem verdadeira sem que os colegas jamais percebessem. Planejava levar Aparecida com ele no dia em que deixasse o santuário?

No dia 12 de outubro, o primeiro depois do atentado, mais de 100 mil romeiros foram à basílica celebrar o dia de Nossa Senhora Aparecida. Fiéis do país inteiro formaram filas enormes para se ajoelhar diante da santinha, fazer pedidos e agradecer as graças alcançadas por intermédio dela. A restauradora Maria Helena Chartuni foi recebida com honras e, no fim da cerimônia, ganhou uma das quatro réplicas de Aparecida que foram oferecidas aos heróis[27] do Museu de Arte de São Paulo envolvidos na restauração.

O padre Izidro fez aquele molde com a tal gelatina e mandou Benedito produzir cópias da santinha para dá-las de presente àqueles que ele tanto detestava? Não fazia sentido. Mas esse foi o argumento usado para conseguir autorização do arcebispo e retirar a imagem do altar.

O que ninguém ficou sabendo, talvez nem mesmo o arcebispo, foi que naquele dia, pela primeira vez na história, a festa da padroeira aconteceu sem a presença da padroeira. Nem os fiéis que se ajoelharam diante do que pensavam ser Aparecida, nem os padres que participaram da missa, ninguém sabia que a santinha verdadeira estava trancada no quarto de Izidro. Tudo por causa de um imprevisto que o padre demorou para contar aos colegas.

Antes da festa, em 22 de setembro, depois de preparar a famosa gelatina, o escultor Benedito foi para o chalé do padre

Izidro no quintal do convento e preparou o molde. Mas alguma coisa deu errado. Depois que o produto secou, quando tiraram o molde da santa, aqueles dois restauradores de fundo de quintal acabaram estragando a pintura na cor terra siena queimada aplicada pela restauradora Maria Helena. Benedito lavou as mãos, foi embora, e o curioso padre Izidro passou mais 23 dias dormindo ao lado da santinha.

Não só por causa da tinta.

No silêncio do quarto 71, o único barulho que se ouvia eram as unhas de Izidro arranhando o olho direito de Aparecida. Justamente o olho direito! Aquele que a restauradora Maria Helena esculpira com as próprias mãos junto com todo o lado direito do rosto.

O padre estava decidido a devolver à santinha o olhar que, na cabeça dele, era o que a santinha de barro sempre tivera. Mas desde que a imagem fora destruída por Rogério Marcos e reconstruída por Maria Helena, o olho direito não olhava mais para ele como antigamente. E isso ninguém tirava da cabeça do padre.

Izidro sofria, agora na própria carne, as consequências da reconstrução feita por aquela mulher com quem ele vivera dias terríveis. A cabeça da imagem não era mais feita apenas do barro oco e frágil que os pescadores acharam nas águas do rio, e aquele ato desesperado de lhe arranhar o olho com a própria unha machucava seus dedos. Ainda que guardasse um pouco de barro original, a cabeça de Aparecida tinha se tornado quase indestrutível por causa do Durepoxi e da cola argentina Poxipol.

ÚLTIMOS RETOQUES

Depois de sangrar as unhas e afinar as curvas do olho direito, chegava o momento da grande vingança: quem o impediria de pintar Aparecida, de uma vez por todas, com a cor de canela?

Na basílica, padres e fiéis continuavam rezando desavisados diante da cópia de Aparecida. Sem que ninguém desse falta da santinha original, sozinho no dormitório, Izidro começou a tirar a tinta imposta pela "agressiva" Maria Helena. Depois de raspar aquele marrom-escuro, o padre obcecado começou a pintar a santinha com uma tinta mais clara, num tom que os padres do santuário definiriam depois como "chocolate--claro",[28] ou canela. O padre tinha certeza de que era assim que Aparecida tinha sido em seus primeiros dias, lá pelos anos de 1650, quando foi esculpida no interior de São Paulo.

Quando ficou satisfeito, Izidro devolveu a santinha à basílica. Mas levou ainda mais um mês até que aquela dupla cirurgia, com ajustes no olho e mudança na cor, chegasse ao conhecimento dos outros padres. No diário, o cronista do santuário anotou o que ouviu numa reunião: "O Superior [Izidro] achou no olho direito da imagem um erro, e ele mesmo o restaurou 'com sacrifício, gastando as unhas até sangrar'."

Padre Izidro não foi um cretino, como diria anos mais tarde a restauradora Maria Helena Chartuni, claramente irritada em consequência de uma disputa de poder e vaidade durante o processo de restauração. Foi um dos homens que mais se dedicaram à santinha que grande parte dos brasileiros considera milagrosa. E fez o que, em seus momentos solitários no quarto 71, pensava que era certo fazer pela padroeira do Brasil. Ou era a padroeira do padre Izidro?

Mesmo ocupando os cargos mais importantes do santuário, Izidro viveu num terrível isolamento. Até que em 17 de dezembro daquele turbulento 1978, cada vez mais desencantado com os colegas, decidiu sair silenciosamente de Aparecida. Saiu antes mesmo de saber quem seria seu sucessor no comando do santuário, deixando vago o cargo de reitor. Levou suas roupas e alguns poucos pertences, sem avisar para onde, comunicando sua decisão apenas a um outro padre, com quem deixou a chave do quarto 71.

Izidro já estava longe quando resolveram entrar no chalé no quintal do convento e ver o que havia por trás da porta trancada. Depois de 28 dias de buscas, sem contar a ninguém que achavam que a santinha havia desaparecido ou tinha sido roubada, os padres encontraram Nossa Senhora Aparecida, abandonada, em cima de uma mesa.

Foi alguns meses depois de finalmente desvendar o mistério que o padre Pedro Fré resolveu telefonar ao Museu de Arte de São Paulo e pedir ajuda novamente à restauradora Maria Helena Chartuni. A indignação dela foi ainda maior quando descobriu que o danado do padre artista tinha usado tinta de carro, inapropriada para aquele tipo de escultura. Maria Helena achou difícil de acreditar naquela história.

"Imagine! O senhor deve estar enganado", ela disse ao telefone.

"Você precisa vir aqui, urgentemente!", insistiu o padre Fré, concluindo a ligação.

Maria Helena foi no sábado seguinte, sem falar nada a seu chefe no museu.

Numa sala do convento, passou o dia trancada, entretida na missão de repintar a santinha. E, assim, a restauradora devolveu a cor escura à imagem que tinha consertado quase um ano antes, buscando o tom mais parecido possível com o que acreditava ser a cor de Aparecida no dia em que foi atacada por Rogério Marcos em 1978.

Daquela vez, mesmo sem saber, o padre enamorado da santinha teve pelo menos uma vitória. Maria Helena mudou novamente a cor, voltou ao marrom-escuro, mas não mexeu em nada no olho direito de Aparecida.

Se a restauradora pôs fim ao sonho cor de canela, pelo menos o olhar da santinha ficou do jeito que Izidro desejava. E os vestígios do sangue com o DNA do padre devem estar ali até hoje, embaixo da nova pintura, como uma assinatura escondida em sua cirurgia plástica particular, promovida com tanto esforço, na imagem que ele tanto quis proteger.

Capítulo 9
Segredos e despedidas

Antes de encerrar um momento tão visceral da história da santinha Aparecida e deixar no passado o curioso, estranho e adorável padre Izidro, é preciso contar uma história que aconteceu mais de vinte anos antes daquela confusão toda.

Quando criança, Alexandre Dumas Pasin era coroinha em Aparecida e foi convencido pelos pais a entrar no Seminário Santo Afonso, no mesmo convento onde ficava o futuramente famoso quarto 71. Alexandre desistiu de ser padre, mas, antes de largar o seminário, presenciou as primeiras aventuras do padre Izidro de Oliveira Santos com sua Senhora. Foi uma restauração extraoficial, como muitas que não entraram para os registros da Cúria Metropolitana de Aparecida. "Tenho certeza de que essa pequena restauração aconteceu em 1951", contou, meio século mais tarde, o ex-seminarista Alexandre.

De volta a 1951.

O seminário Bom Jesus, em Aparecida, era conhecido por todos como Colegião. O comunicado que acabara de chegar deixara os quase duzentos seminaristas num raro estado de euforia: a imagem de Nossa Senhora Aparecida ficaria uma semana entre eles. O motivo era grave. Mais uma vez, a cabeça tinha se separado do corpo, Aparecida precisava de cuidados e passaria por uma restauração. O artista seria um professor querido de quase todos na turma: o tímido, ainda assim sorridente, e quase sempre silencioso, padre Izidro, professor de química, física e inglês.

O seminário Santo Afonso[29] era uma construção gigantesca de quatro andares, com pé-direito altíssimo, inspirado no famoso palácio francês de Versalhes, com tijolos aparentes, salas de aula, quartos enormes onde os padres dormiam sozinhos, quartos igualmente enormes que eram compartilhados por até vinte seminaristas, e uma capela.

O prédio era a típica obra de igreja, com muitas partes inacabadas e, por isso, com áreas proibidas aos seminaristas, como a ala onde viviam algumas centenas de morcegos. A ala dos morcegos ainda estava em obras e ficaria daquele jeito por muito tempo, porque, apesar da vultosa quantia que entrava com as esmolas de agradecimento à santinha, o dinheiro servia para inúmeras finalidades, e a obra demorava a ser finalizada.

Foi nesse ambiente, entre tijolos, arquitetura suntuosa e euforia juvenil, que, em 1951, o padre Izidro começou a difícil tarefa de unir uma cabeça e um corpo que por mais de dois séculos ninguém tinha sido capaz de manter juntos por muito tempo.

Antes mesmo daquele dia, o seminarista Alexandre havia percebido que a toda hora acontecia algum problema com a

ATENTADO E MISTÉRIOS: O RENASCIMENTO

cabeça. Ela frequentemente se descolava do corpo e deixava à mostra um pino metálico que tentava unir as duas partes da escultura. Volta e meia algum padre trocava a cola por cimento, ou por cera de abelha, ou por resina, mas não resolvia o problema. Outras vezes, a santa aparecia com fitas adesivas que tentavam, inutilmente, acalmar o pescoço teimoso. O fato é que Aparecida jamais se curava do incidente original, quando a cabeça se separou do corpo e as duas partes foram lançadas, sem a cabeleira nas costas e sem nariz, no rio Paraíba do Sul.

A missão do padre Izidro, naquele momento, não era divertida como seria mais tarde, quando ele teria a oportunidade de pintar os afrescos da capela do Colegião. Mas talvez fosse tão desafiadora quanto aprender inglês em duas ou três semanas, como ele fez quando precisou substituir um professor transferido e ensinar uma língua que dias antes não conhecia. Havia naquela nova missão algo tão especial que a santinha deixaria temporariamente a basílica.

O padre, sempre discreto, levou a imagem para o próprio quarto e ali passou quatro dias dedicado a ela. Além da cama igual à dos outros padres, o quarto de Izidro tinha um cavalete, que ele usava para fazer suas pinturas, e uma escrivaninha. Naquela semana, o professor pediu para lhe trazerem uma mesa grande, que serviria de apoio para a escultura durante o trabalho de restauro.

Não se sabe qual foi o material usado pelo padre para unir, mais uma vez, a cabeça e o corpo de Aparecida. Mas enquanto ele trabalhava, a porta ficava entreaberta, e a garotada do seminário volta e meia entrava para espiar o restauro. Os meninos aproveitavam a rara oportunidade para ter a santinha nas mãos. O adolescente Alexandre se emocionava por tocar em algo que era sagrado como a hóstia, mas que promovia milagres. "Era algo que Deus mandou", ele relembraria mais de sessenta anos depois.

Uma semana mais tarde, quando terminou o restauro, o padre Izidro levou Aparecida para a capela onde ela ficaria secando pelos dois dias seguintes. E nesse momento começou a grande farra dos seminaristas. Por farra de seminarista entenda-se rezas e cantos.

Enquanto a santinha repousava na capela, os meninos aproveitavam para cantar pequenas canções populares e rezar o terço. "Dai-nos a bênção, ó mãe querida / Nossa Senhora Aparecida. Sois nossa vida, sois nossa luz, ó mãe querida do meu Jesus."

A lenda diz que o reparo do padre Izidro foi tão caprichoso que a santinha viveu quinze anos de perfeição. Só perdeu a cabeça de novo quando percorreu o Brasil, durante a ditadura militar, e foi colada com uma cola superpoderosa, a velha Araldite. Até que, anos mais tarde, apareceu uma rachadura na cabeça da imagem e os padres decidiram que Nossa Senhora jamais voltaria a sair do nicho de ouro encomendado na Alemanha para guardá-la no alto da igreja. Foi então que surgiu o tal do possesso, o estudante Rogério Marcos, para lhe arrancar do nicho e jogá-la, ou deixá-la cair, no chão.

Alguns anos antes do restauro não oficial de 1951, a Cúria Metropolitana de Aparecida documentou um trabalho feito por outro padre para corrigir o que parecia ser um erro histórico que, em mais de duzentos anos, nenhum artista tivera a ousadia de reparar. Ao quebrar a cabeça, antes de ser jogada no rio Paraíba do Sul, aquela senhora gordinha de feições delicadas, que ainda não se chamava Aparecida, perdera seus cabelos e assim ficara por anos e anos, mesmo depois de retirada do rio. Ganhou muitos cordões de ouro, coroas e mantos, justamente porque se queria esconder a feiura do pescoço fraturado e daqueles cabelos curtos que mais pareciam os de um rapaz.

Foi em 1946 que resolveram devolver-lhe os cabelos que um dia o escultor desconhecido do interior de São Paulo desejou que ela tivesse. O padre Alfredo Morgado se aventurou pelo que todos os colegas consideravam uma arriscadíssima missão.

Morgado também levou a santa para seu quarto, no convento dos redentoristas em Aparecida. Retirou cuidadosamente as inúmeras camadas de cola que ela recebera ao longo de dois séculos. É provável que tenha encontrado até alguns resíduos da cera de abelha usada por Felipe ou Atanásio, nos quinze anos em que ela viveu com a família Pedroso, ainda no começo do século XVIII.

Depois de limpar toda a cera acumulada em mais de duzentos anos, depois de raspar também os outros materiais que se aglomeravam no pescoço de Aparecida, o padre Morgado usou uma lixa grossa para produzir pó de peroba, e juntou aqueles resíduos de madeira a uma cola. Com a massa, moldou um cabelo novo que ia até a cintura da santa.

O padre Morgado sentiu-se à vontade também para refazer o nariz de Aparecida, outra parte perdida na época em que ela foi jogada no fundo do rio Paraíba do Sul. Ele ainda cometeu um pecado, do ponto de vista artístico: lavou a santinha com álcool, removeu praticamente toda a tinta original que ainda restava, e pintou Aparecida por inteiro, deixando-a levemente mais escura. O padre restaurador fez questão de anotar tudo num diário, onde registrou seu pavor: "Que pesadelo! Se a quebrasse... Afinal, às quinze horas terminei o trabalho."

O trabalho do padre Morgado resistiu apenas quatro anos. Em 1950, quando se fazia a troca do manto de Nossa Senhora Aparecida, a cabeça caiu como fruta madura nas mãos de outro padre. Foi chamado, então, um novo candidato a restaurador oficial da santinha inquieta. O padre Humberto Pieroni pensou em algo mais resistente. Quem sabe não colocaria um fim àquela história? E aplicou cimento no pescoço da santa.

Mais uma vez, tentou recriar os cabelos perdidos no passado. E para sustentar o pescoço, colocou um pino de alumínio que, no ano seguinte, o seminarista Alexandre Dumas Pasin logo viu, quando a imagem decapitada chegou ao que provavelmente foram as mãos mais apaixonadas que a tocaram.

Depois de comandar o santuário de Aparecida, o padre Izidro voltou a ser pároco, um simples auxiliar na catedral de Juazeiro, no interior pobre da Bahia. Foi ainda para Goiás, onde os fiéis contam certo milagre em que o padre Izidro teria reconstruído o telhado da igreja, por conta própria, sem pedir dinheiro a ninguém. E, por fim, se mudou com uma amiga religiosa para o Rio Grande do Sul.

O padre baiano morreu em 2011, em Porto Alegre, depois de conviver por alguns anos com as consequências de um acidente vascular cerebral, pouco antes do início das pesquisas para este livro.

Em seus últimos dias de vida, Izidro de Oliveira Santos fez um pedido bastante raro e, disseram, "corajoso" para um padre. Ou, quem sabe, ele já não se considerasse padre naqueles últimos anos em que passou distante das funções religiosas? Izidro queria que seu corpo fosse cremado para que as cinzas fossem lançadas sobre o Santuário de Aparecida.

Não conseguiu.

Os restos mortais do padre artista foram colocados numa urna, num panteão, ao lado do convento que fica em frente à Basílica Velha de Aparecida. Na fotografia que colocaram na frente da urna, Izidro está sorrindo, discretamente sorrindo.

IDENTIDADE: APARECIDA

IDENTIDADE APARECIDA

Capítulo 10
Maria da Conceição

Nossa Senhora Aparecida. Nossa Senhora Desatadora dos Nós. Nossa Senhora dos Impossíveis. Nossa Senhora do Rosário. Chame por qualquer um desses nomes, ou por muitos outros, e não vai haver a menor diferença. Nossa Senhora de Fátima. De Lourdes. De Guadalupe. Da Penha. Do Carmo. Das Dores. Da Luz. Os apelidos, sobrenomes ou, como muitos preferem, os títulos, se referem quase sempre à origem da imagem em questão, à missão atribuída a ela ou a algum dogma. Mas, para que ninguém tenha dúvida, estamos sempre falando da mesma Senhora.

Maria foi casada com José, teve um filho chamado Jesus, assistiu aos prantos à sua crucificação em Jerusalém, viveu ainda mais alguns anos e, pelo que os católicos acreditam, foi levada aos céus. Com o passar dos anos, muita gente preferiu dividir seus anseios com ela do que conversar diretamente com Deus, ou Jesus. Maria passou a ser tratada como intercessora entre a terra e o céu. E tudo começou por causa de um casamento na Galileia.

O único evangelista que narra as Bodas de Caná é João. Os outros não falam nada sobre o que teria sido o primeiro milagre de Jesus.

João conta que "o vinho do casamento havia acabado"[1] e, sem citar o nome, refere-se a Maria: "Então a mãe de Jesus lhe disse: 'Eles não têm mais vinho.' Respondeu-lhe Jesus: 'Que queres de mim, mulher? Minha hora ainda não chegou.' Sua mãe disse aos serventes: 'Fazei tudo o que ele vos disser.'"

Apesar de Jesus ter dado uma resposta meio mal-humorada, dando a entender que não faria nada, o texto de João conta que ele atendeu aos anseios da mãe, transformou água em vinho e causou enorme satisfação aos convidados daquele casamento. Ainda que teólogos discutam se o autor do texto quis dizer que houve algo de sobrenatural ou se apenas usou o episódio como simbolismo para comparar Jesus a um bom vinho guardado para o final da festa, a tradição popular acumulada ao longo de quase 2 mil anos consolidou a ideia de que o milagre aconteceu, e só aconteceu porque Maria fez um pedido.

Assim, por causa das Bodas de Caná, a mãe de Jesus passou a ser conhecida como intercessora: aquela que conseguiu influenciar o filho para que ele atendesse aos desejos dos convidados do casamento, aquela que pode receber as mensagens dos fiéis e encaminhá-las a Deus com grandes chances de sucesso. Senhora de muitas intercessões, dona ela própria de muitos milagres, Maria se tornou, depois do próprio Cristo, a figura mais importante do catolicismo.

Depois de morrer, no entanto, Maria deixou a Igreja aos pedaços. E nunca teve a menor ideia de que isso aconteceria.

Disputas teológicas sobre sua história e, mais ainda, sobre seu papel na religião, provocaram divisões, disputas e mortes entre cristãos. Às vezes porque se discutia se ela era mãe de Deus ou "apenas" mãe de Jesus, às vezes porque alguém questionava se Maria teria tido virgindade perpétua ou se, depois do nascimento de Jesus, teria tido outros filhos com o marido, José.

Muitos séculos e papas entraram em cena até que os dogmas se consolidaram, e Maria passou a ser compreendida pelos católicos como mãe de Deus, virgem antes e depois da gravidez. Em palavras claras, afirma-se que houve uma concepção sem sexo, e que seu filho Jesus teria sido gerado sem interferência humana, por vontade de Deus.

Entre os inúmeros nomes que tinha à disposição, no momento em que aquela santinha de barro foi concebida no interior de São Paulo, muito antes de alguém pensar em chamá-la de Aparecida, o escultor desconhecido escolheu chamá-la de Nossa Senhora da Conceição. E ele tinha motivos importantíssimos para tomar aquela decisão.

Era preciso espalhar pelas novas terras portuguesas imagens que simbolizassem a mãe de Jesus com as mãos unidas em sinal de oração, ainda sem seu menino e, o mais importante, virgem. Pois assim acabava de decretar o rei de Portugal, também rei do Brasil.

No primeiro dia de dezembro, em 1640, depois de sessenta anos de domínio espanhol, portugueses tomados de ódio contra o rei espanhol Filipe invadiram o Paço da Ribeira, sede do governo em Lisboa. Enfrentaram os guardas castelhanos e seus aliados alemães, invadiram os salões do palácio e encontraram, dentro de um armário enorme, o português traidor que comandava o reino obedecendo às ordens da Espanha.

O tal português arrancado do armário, Miguel de Vasconcelos, tinha sido baleado, mas ainda respirava quando foi jogado pela janela, para euforia do povo que acompanhava a revolta nas ruas. Por fim, os portugueses ocuparam o castelo de São Jorge e, acabando com seis décadas de rancor, retomaram o controle do aparato militar que até então respondia ao rei estrangeiro que dava ordens ao diabo do tal Miguel.

Principalmente porque houve tanta demora para se obter aquela vitória, e pelo pouco sangue derramado na batalha final, e pela velocidade com que a vida voltou ao normal nas vilas, a revolta que restaurou a independência de Portugal foi vista como tão absolutamente milagrosa que os portugueses só puderam entendê-la como a concretização da vontade de Deus.

"Estão as cousas desta cidade em estado que suspendem o juízo humano", disseram em Lisboa.

"Parece isto cousa do céu."[2]

Nas palavras do escrivão encarregado de registrar oficialmente a posse do rei dom João IV, que assumiu o trono deixado pelo rei espanhol, aquilo tudo era "mais divino que humano". E, como conta o historiador português Joaquim Veríssimo Serrão, "o fervor religioso atribuía o milagre de 1640 à intercessão de Nossa Senhora de Vila Viçosa". E foi então que a revolta dos nobres portugueses fez todo o sentido com a história da Conceição que acabava de sair do forno paulista.

Tão agradecido pela providência divina da restauração da independência, dom João IV achou por bem fazer de Nossa

Senhora da Conceição a padroeira de Portugal. Era preciso agradecer-lhe e garantir que Maria continuasse intervindo favoravelmente nos rumos do reino.

Assim, o rei Afortunado – apelidado dessa maneira porque não teria se envolvido diretamente na revolta contra os espanhóis, e a coroa lhe teria caído no colo – resolveu ditar um juramento histórico, registrado numa solenidade oficial em 25 de março de 1646.[3]

Depois de livrar Portugal do domínio da Espanha, e depois de se livrar de tentativas de traição e assassinato, dom João IV celebrava a vitória sobre os inimigos. "Sendo Eu ora restituído por muy particular mercê de Deus à coroa destes reinos",[4] ditou o rei, "em reconhecimento dos muy avantajados benefícios recebidos por intervenção da Virgem Nossa Senhora da Conceição [...] lhes propus e, com parecer de todos, assentamos tomar por padroeira de nossos reinos e senhorios a mesma Senhora."

Dom João IV reforçou o papel de Maria como intercessora e fez questão de deixar claro que a padroeira não era uma virgem qualquer, mas, especificamente, a Nossa Senhora da Conceição de Vila Viçosa. Não só porque vinha da mesma vila que o rei, mas "por ser a primeira desta invocação que houve em Espanha".

No documento oficial está escrito Espanha mesmo, e não Portugal. Mas a questão política da época, ou o descuido do rei e de seu escrivão, acostumados com os sessenta anos em que Portugal foi parte da Espanha, não mudam o sentido do juramento. Ao mesmo tempo em que tirava a rainha Santa Isabel do posto de padroeira para colocar aquela Maria da Conceição no lugar, dom João IV se mostrava tão convicto de sua devoção que afirmava como verdadeiro um dogma que o Vaticano só reconheceria em definitivo mais de duzentos anos depois: a Imaculada Conceição de Maria, a suposição de que, desde o primeiro instante de sua existência, a filha de Ana e Joaquim foi preservada da falta de graça santificante que aflige a humanidade, porque já estaria tomada pela graça divina.

"Prometemos, e juramos, com o príncipe e os estados, defender sempre, até dar a vida se necessário for, que a Virgem Mãe de Deus foi concebida sem pecado original", continuou o rei. "Salvando porém este nosso juramento para o caso da mesma Santa Igreja resolver o contrário."

Por fim, dom João IV mandou registrar que aquele que se expressasse contra o seu juramento, aquele que desafiasse a ideia de que Maria fora concebida sem pecado, seria expulso de Portugal. Mesmo que fosse um rei. "Se alguma pessoa atentar contra esta nossa promessa e juramento, sendo vassalo, por esse mesmo feito o havemos por não natural, e seja logo lançado fora do reino; e se for rei (que Deus não permita) haja a sua e nossa maldição, e não se conte entre nossos descendentes, pois esperamos que pelo mesmo Deus que nos subiu à dignidade real, seja dela abatido e despojado."

Eram ordens do rei com carimbo do papa e entravam em vigor imediatamente para todos os habitantes dos domínios portugueses. E se o dono da terra queria que sua fé fosse seguida pelos vassalos brasileiros, seus emissários trabalhavam para garantir que a colônia tivesse muitas Nossas Senhoras de barro, de madeira e, sempre que possível, banhadas a ouro.

Por amor ou por decreto, Conceição andava mais do que na moda no Brasil.

Capítulo 11

Paternidade: desconhecida

Por muitos séculos quem mandou nos padres portugueses foi o rei, e não o papa.

O acordo entre Portugal e o Vaticano, eternizado como o regime do padroado, dava aos monarcas o controle político, administrativo e financeiro das atividades religiosas em todos os seus domínios.[5] E, como parte dos planos portugueses para o Brasil, por ordens reais, os primeiros padres da Companhia de Jesus foram despachados para a colônia em 1549, com a missão de catequizar os nativos e reforçar a fé dos brancos que chegavam para ocupá-la.

Os padres jesuítas ajudaram a ocupar o Brasil e garantir que a colônia fosse, em todos os sentidos, uma sucursal de Portugal. Fundaram inúmeros colégios e, a partir deles, cidades inteiras, como São Paulo. Viajaram às novas terras também beneditinos, franciscanos e padres de outras ordens, com estratégias diferentes, mas com o mesmo objetivo de catequizar e colonizar o Brasil. E os incontáveis padres fundaram incontáveis igrejas ornamentadas com incontáveis santos.

IDENTIDADE: APARECIDA

Era preciso fazer do Brasil um lugar de católicos e não de indígenas "sem alma" que acreditavam em deuses nascidos de árvores e demônios que lançavam trovões; ou negros que matavam animais em rituais macabros, ameaçando assim manter o paraíso do escrivão Pero Vaz de Caminha como um lugar de gente ignorante, ou "sem nenhuma crença",[6] conforme a carta escrita no calor do Descobrimento do Brasil, em 1500. Já naquela primeira viagem, a bordo da nau *Capitânia*, quando avistou o monte Pascoal na Bahia e descobriu o Brasil, Pedro Álvares Cabral carregava com ele uma Nossa Senhora dos Navegantes, também chamada Nossa Senhora da Boa Esperança.[7] E, desde então, aqueles que saíam da terrinha sempre levavam santos e santas para protegê-los durante a viagem e sustentar no Brasil a fé aprendida em casa. Mas não era suficiente.

No momento em que o Brasil começava a ser ocupado, no século XVI, a Igreja Católica enfrentava na Europa um movimento contestador que pregava o cumprimento literal do que está escrito na Bíblia, um retorno ao que a Igreja teria sido em seus primórdios, o que significava menos ênfase em Maria e, antes de tudo, atenção aos ensinamentos de Jesus Cristo. Uma das questões era, justamente, até que ponto Maria deveria receber tanta importância, com todos os títulos e dogmas definidos pelos católicos. E assim, por inúmeras discordâncias na maneira de praticar a religião, a Reforma criava um racha entre os cristãos, levando ao surgimento de novas denominações religiosas que, apesar de diferentes entre si, receberam genericamente o nome de "protestantes".

A resposta da Igreja Católica foi chamada de Contrarreforma. E uma das medidas que pretendiam conter a perda de fiéis era a construção de igrejas suntuosas, onde Deus deixasse de ser apenas uma questão espiritual para se tornar visível e palpável, mais próximo das pessoas. Assim, atendendo aos interesses do Vaticano e de Portugal, as igrejas brasileiras nasciam como "palácios da fé",[8] com ouro, prata e "pedras preciosas reluzindo à luz do dia ou das velas".[9] Os padres enchiam suas casas de Deus com pinturas e todo tipo de obra de arte que houvesse. Onde não encontrassem riqueza, produziam esculturas sem ouro, e talvez sem muita graça, feito aquela santinha que mais tarde chamariam de Aparecida.

Mas o território era gigantesco.

Era preciso que os artistas, frequentemente padres, trabalhassem depressa para produzir mais e mais imagens: muitas cruzes com Jesus Cristo em sofrimento, muitos santo Antônios e são Franciscos, muitas Nossas Senhoras e, a partir do século XVII, muitíssimas Nossas Senhoras da Conceição. Afinal, em 1646 ela se tornou padroeira de Portugal e das colônias.

Além da necessidade de abastecer as igrejas das vilas, existia uma demanda enorme por objetos religiosos para capelas e oratórios particulares, igrejinhas construídas em casas e fazendas dos ricos, e até dos não tão ricos. Mas não havia artistas locais que bastassem, e foi preciso contar com o talento de gente que vinha de longe, como frei Agostinho da Piedade.

Agostinho da Piedade era um português de grande talento, trabalhou na Bahia e fez esculturas importantes, conservadas até hoje como exemplos de boa arte barroca brasileira. Pelas características artísticas, chegou-se a pensar que Aparecida tivesse sido mais uma obra do mestre português. Mas, no século

XX, depois que foram feitas as primeiras análises científicas e concluiu-se que Aparecida tinha sido feita com barro paulista, descartou-se o frei Piedade. Afinal, ele jamais passou por São Paulo. E ninguém considera a remota possibilidade de que o barro que fez a famosa santinha tivesse viajado até o Nordeste.

O homem que esculpiu a Senhora mais importante da história do Brasil teria que estar escondido, então, numa oficina de artesanato da capitania de São Vicente, o futuro estado de São Paulo. E ali, naquele mesmo século XVII, viveu pelo menos um discípulo do mestre Piedade, o frei carioca Agostinho de Jesus.[10]

A história faz muito sentido.

Depois de passar um tempo em um seminário em Portugal, e mais algum tempo em Salvador aprendendo com o mestre Piedade, o frei Agostinho de Jesus viveu em diversos mosteiros da capitania de São Vicente, onde começou sua produção de santos. Em sua oficina mais conhecida, na chácara dos monges beneditinos, em Santana do Parnaíba, esculpiu santas rechonchudas, de pele clara e mãos delicadas, frequentemente carregadas por anjinhos.[11] Mas não é porque ele trabalhou com barro paulista e porque as santinhas têm semelhanças entre si que se pode dar a Agostinho de Jesus o título de pai de Aparecida. Seria preciso mais do que indícios, intuições e opiniões.

Qualquer apuração rigorosa que se faça sobre o autor da escultura barroca leva a uma única certeza: não é possível ter certeza de nada. Não existem provas ou sequer indícios contundentes sobre a autoria da imagem que chamamos de Nossa Senhora Aparecida.

É impossível descartar, por exemplo, que Aparecida possa ter sido esculpida por um dos muitos alunos do frei carioca durante sua permanência nos mosteiros do interior de São Paulo. Ou por qualquer outro santeiro de São Paulo. Não se sabe.

Capítulo 12

Desaparecida

Fosse quem fosse o escultor, o fato é que bastou lhe quebrarem o pescoço para que jogassem a santinha no rio, como se não valesse coisa alguma. Disseram que pode ter sido durante uma procissão que o pescoço frágil da imagem se rompeu pela primeira vez,[12] separando-lhe a cabeça do corpo. Disseram muitas coisas, mas ninguém viu, ninguém documentou. Nada impede que a santinha tenha apenas caído das mãos de quem fazia a limpeza do oratório onde era guardada. Nada impede. E nada comprova.

O que ninguém discute é que era tradição daquela época se desfazer de santo quebrado o mais rapidamente possível. Porque manter defunto de barro dentro de casa era certeza de maldição. Coisa mais comum, aliás, era santo perder a cabeça. Mas, apesar da superstição, algumas esculturas mereceram destino mais nobre que as águas de um rio, porque, mesmo quebradas, os donos reconheceram nelas algum valor.

Um exemplo é a Nossa Senhora da Luz, nascida ainda no fim dos anos de 1500, uma das primeiras imagens produzidas na vila de São Paulo. A escultura só chegou aos nossos tempos porque, apesar da cabeça quebrada e do desaparecimento do menino Jesus que carregava no colo, foi restaurada e repintada uma série de vezes.[13] Nossa Senhora da Luz foi feita para uma capela que levava o mesmo nome, às margens do córrego do Ipiranga, onde mais tarde se proclamaria a Independência do Brasil.

Sobre aquela Nossa Senhora da Conceição de 36 centímetros, no entanto, não há vestígios, documentos ou depoimentos que nos digam por que ela foi feita ou para quem foi entregue.

Pode ter sido qualquer comerciante ou aventureiro, saindo do Rio de Janeiro, pela Estrada Real, a caminho das Minas de Ouro. Podemos até imaginá-lo, depois de comprá-la e embrulhá-la num pano, deixando que a santinha caísse do jumento ou da carroça enquanto a tropa seguia pelos arredores da vila de Guaratinguetá.

Imaginamos. Mas não sabemos. Pode ter sido algum padre ou fazendeiro, ou mesmo um padre-fazendeiro escravocrata, como se sabe que existia por ali, que comprou a imagem da padroeira portuguesa para rezar diante dela ou se mostrar ainda mais sensível às vontades do rei. Fato é que, desde que dom João IV promoveu a Virgem Maria ao posto de padroeira, qualquer casa de família digna tinha que ter algumas Nossas Senhoras. E a família do capitão José Correia Leite tinha mais do que isso.

Tinha uma fazenda à beira do rio Paraíba do Sul e uma capela, fundada em 1712, batizada com o nome de Nossa Senhora do Rosário. A capela, que o capitão queria que existisse "enquanto o mundo fosse mundo", contava com um capelão

IDENTIDADE: APARECIDA

exclusivo, responsável por rezar missas, realizar casamentos, comunhões e batismos para a família, os amigos e, em outros horários, para o povo do vilarejo que atendia pelo nome de Vila Real de Nossa Senhora do Bom Sucesso de Pindamonhangaba. Era do lado da vila de Guaratinguetá, na recém-criada capitania de São Paulo e das Minas de Ouro.

Lá dentro da capela do Rosário, como ficou registrado no inventário, feito na própria capela diante do corpo do capitão, havia uma imagem pequena de Jesus Cristo e uma outra de Nossa Senhora do Pilar. E o que pouca gente soube foi que por pouco não se colocou também ali dentro uma Nossa Senhora da Conceição com o pescoço colado, os cabelos encurtados por um acidente, as bochechas gordas, o queixo escondido e os dentes à mostra, medindo dois palmos e pesando dois quilos e pouco. Foi por pouco. Não fosse a futura Aparecida rejeitada pelo capelão.

O documento que afirma isso está guardado nos arquivos da Cúria Metropolitana de Aparecida. É uma cópia manuscrita da primeira narrativa do encontro da imagem,[14] com alguns comentários que não estavam no texto original.

O copista anônimo, autor dos comentários, é, ao que tudo indica, um padre, e começa dizendo que se baseia na tradição oral para apresentar uma possível razão para alguém ter jogado a santa quebrada no rio.

"Há certa tradição que formando uma mulher a dita santa imagem, e levando-a à Capela da Nossa Senhora do Rosário dos Correias, para um reverendo sacerdote ali existente, ou que ali se achava, a benzer, para ela a venerar, o digníssimo reverendo padre, vendo-a no formato e estado em que venturosamente a vemos não a quis benzer, e dividindo a cabeça do corpo, a lançara ou fizera lançar neste rio Paraíba, o que é bem provável acontecesse", escreveu o padre copista, entre parênteses, em data desconhecida, no século XIX.

Se a tradição estiver certa, e muitas histórias antigas nos chegaram justamente por causa da tradição oral, Aparecida ficou no máximo cinco anos dentro do rio Paraíba do Sul. Basta fazer a conta: como a capela do capitão José Correia foi inaugurada em 1712 e a imagem foi encontrada em 1717, a oferta da tal imagem com a cabeça colada ao corpo e decisão do capelão de jogá-la no rio só podem ter acontecido nos cinco anos que se passaram entre a inauguração e o resgate da imagem nas águas do Paraíba do Sul.

Tudo indica que desde o dia em que foram jogadas fora, com o objetivo único de evitar maus agouros, as duas partes da imagem de barro praticamente não saíram do lugar onde caíram: foram encontradas "um pouco mais abaixo"[15] uma da outra, perto do porto de Itaguaçu, um trecho do rio que ficava próximo à estrada de terra, por onde seria fácil o acesso de qualquer um que quisesse se desfazer de uma santinha decapitada.

Dizer se foi o próprio capelão da capela do Rosário, se foi a tal mulher, decepcionada com a reação do capelão, se foi um escravizado pelo capitão José Correia, ou se foi algum fiel que morava à beira do rio quem jogou aquela Conceição nas águas do Paraíba do Sul, ninguém pode. Mas não foi nenhuma ordem divina: foi preciso que alguém pegasse uma canoa ou caminhasse até a margem do rio e atirasse os dois pedaços da santinha de barro nas águas que, em tempos de cheia, ficavam turvas. É provável que tenha sido um cristão, certo de que jamais seria expulso do reino de Deus ou do reino de Portugal, pois, ao se desfazer da Conceição quebrada, estava apenas cumprindo ordens do capelão.

Dá para imaginar o momento em que o encarregado dessa missão chegou diante das águas, exclamando sozinho algo como "Eis a Senhora! Estou inocente desse ato, a responsabilidade é vossa", atirou o corpo perto de onde estava, atirou a cabeça um pouco mais longe, deu-se por aliviado e lavou as mãos.

Como o prefeito romano Pôncio Pilatos, que perguntou à multidão se deveria ou não crucificar Jesus de Nazaré, o personagem anônimo cumpriu o que fora decidido pelo capelão antes de executar a sentença final da santinha.

Ela não subiu aos céus. Ao contrário, foi para o fundo do rio. Mas, como o Cristo, voltou. Não depois de três dias... Foram talvez três semanas, três meses, três anos, não muito mais que isso.

Capítulo 13

O conde sanguinário
e o cronista faminto

Imagine um sujeito ambicioso, que deixa a mulher sozinha, parte numa missão para um lugar que acha tenebroso por querer sair de uma crise financeira, e, mesmo sendo muito religioso, tem frieza de sobra para comandar julgamentos rápidos e enforcamentos em série. Pois assim é o nobre homem que dá origem aos três séculos de acontecimentos envolvendo a santinha Aparecida: um português determinado por natureza e sanguinário por profissão, que entra em cena sem saber.

O nome dele é dom Pedro Miguel de Almeida Portugal.[16] Tem 28 anos quando chega ao Brasil, em 1717, para assumir o cargo de governador da capitania de São Paulo e das Minas de Ouro. E chega pensando em ouro, disposto a "desinfetar" as Minas de padres que faziam ali, nas palavras dele, "um escândalo da cristandade". O homem do rei descumpre pactos com seus adversários, manda executar alguns punhados de gente e, seguramente, acredita fazer sua parte como fiel emissário do país que leva até no nome.

IDENTIDADE: APARECIDA

Dom Pedro de Almeida Portugal sabe quase tudo que acontece na província que veio governar, mas não chega a ser informado de que pescadores, com o único objetivo de fazer um banquete em sua homenagem, lançam suas redes e encontram as duas partes de uma imagem que consideram responsável pelo milagre da pesca.

No entanto, sem aquele homem que por muitos anos atendeu orgulhosamente pelo título de Conde de Assumar, Aparecida continuaria, provavelmente, debaixo d'água. Ninguém teria encontrado a santinha de barro no rio Paraíba do Sul se não fosse importantíssimo encher as canoas com peixes para agradar ao homem que tinha a autoridade de um rei e a fúria de um general.

Quando chegou ao Rio de Janeiro, em julho de 1717, dom Pedro de Almeida Portugal ainda não era nem conde nem marquês de coisa nenhuma.[17] Lá em Portugal, dois anos antes, tinha se casado com a filha de um nobre, mas, pelo que se percebe, o sogro não era muito generoso: o jovem Pedro andava na maior pindaíba, sem dinheiro para nada.[18]

Foi depois de combater por quase uma década na Guerra de Sucessão na Espanha[19] que ele mereceu o posto de general de batalha e a confiança do rei dom João V[20] para assumir um cargo importante com a missão de aumentar a arrecadação de ouro no Brasil. O rei já se fartava com o ouro brasileiro, mas, durante o breve governo do conde de Assumar na região das Minas, chegaria a receber, num único ano, mais de 25 toneladas[21] do valiosíssimo metal.

O ouro expatriado sob a supervisão do conde serviria para manter uma corte luxuosa, pagar por tudo o que se importava da

Inglaterra[22] e ainda para construir uma das obras de arquitetura mais bonitas e impressionantes que se podem ver até os nossos tempos em Portugal, o Convento de Nossa Senhora e Santo Antônio de Mafra.[23] E para inspirar ainda mais o sonho dourado de dom João V, para pensar em voltar aos braços da esposa deixada em Portugal, nosso governador precisava amansar o povo desordeiro da recém-criada capitania de São Paulo e das Minas de Ouro, um território de dimensões inimagináveis para os padrões portugueses, que compreendia os territórios dos atuais estados de Paraná, Santa Catarina, São Paulo, Minas Gerais, Mato Grosso e Goiás, e que ele jamais conseguiria percorrer.

Nem tentaria. O que importava para o recém-nomeado governador era ser hábil o suficiente para distribuir terras a quem tivesse mais capacidade de extrair ouro,[24] garantir que um quinto desse ouro chegasse ao rei e evitar revoltas no momento em que anunciasse a criação de novas casas de fundição. As tais casas eram instituições oficiais que transformavam ouro em barras, antecipando o papel de emitir dinheiro que caberia no futuro à Casa da Moeda e ao Banco Central do Brasil. Tinham sido criadas para acabar com a velha prática brasileira de transportar ouro em pó às escondidas, muitas vezes nos famosos santos do pau oco, escapando das autoridades e sonegando os impostos. Para isso, o futuro governador planejava expulsar os padres jesuítas, que, na avaliação do próprio rei de Portugal, eram os que mais o roubavam.

Para entrar no clima daquela época, basta ver o que dom Pedro de Almeida disse ao chegar ao Brasil, defendendo a expulsão de todos os padres das Minas de Ouro.

"Por qualquer lado estão todos com mau procedimento, pois se há algum que viva com menos escândalo e não se engolfe com tratos ilícitos, [...] para mim, não há frade que venha às Minas que não seja para usar da liberdade que nos seus conventos tem suprimida."[25]

Não foi pensando em qualquer missão religiosa que o futuro conde de Assumar veio ao Brasil. Apesar das recomendações explícitas de sua mãe para que tivesse um comportamento regrado, agisse com humildade na vitória, temperança nos momentos difíceis e, antes de tudo, respeitasse as práticas católicas do dia a dia,[26] ele via no Brasil muito mais um campo de batalha contra frades indecorosos e outros bandidos do que um lugar adequado para praticar sua inquestionável fé em Cristo.

Agora que conhecemos melhor o homem, vamos à viagem histórica que tanto nos interessa, aquela que levou ao descobrimento da imagem de Nossa Senhora da Conceição, futuramente rebatizada como Aparecida, em Guaratinguetá, no interior de São Paulo. Se não o chamamos de conde ao longo da viagem é porque esse título só lhe será concedido no ano seguinte.

Saindo de Lisboa, dom Pedro de Almeida Portugal navegou pelo oceano Atlântico, passou menos de uma semana no Rio de Janeiro e logo começou sua aventura pelo inferno. Afinal, se era para colocar ordem naquele faroeste do interior brasileiro, não era possível admirar as maravilhas da baía de Guanabara. Às duas da tarde do dia 24 de julho de 1717, o jovem emissário português partiu para uma aventura bastante particular em terras que pisaria pela primeira vez para imediatamente começar a governar.

Partiu numa grande comitiva, com oficiais militares, assistentes e escravizados, como nos fez a gentileza de relatar minuciosamente outro integrante daquela comitiva: o divertido cronista que escreveu o "diário da jornada, que fez o excelentíssimo senhor dom Pedro desde o Rio de Janeiro até a cidade de São Paulo, e desta até Minas".

O segundo dia da jornada começou com missa, sol quente e a reclamação de que o senhor de engenho que os recebeu não ofereceu nem mesmo farinha. "A forma que nos tinham dado da miséria deste homem condisse com o que experimentamos", resmungou o cronista faminto.

A viagem prosseguiu com paradas para ver igrejas e ouvir missas. Naquele tempo, ser português ou morador da colônia significava, obrigatoriamente, ser católico.[27] E, pelo regime do padroado, até a nomeação de padres e o recolhimento do dízimo eram prerrogativas do Estado. Portanto, se a Igreja era responsável pela educação do povo e pelo controle das almas, o governador era o chefe da Igreja.

Ainda no segundo dia da viagem, a comitiva chegou a uma fazenda que pertencia aos famosos padres jesuítas, conhecida pelo nome de Santa Cruz, a oeste do Rio de Janeiro. Poucos anos mais tarde, os jesuítas seriam presos e expulsos do Brasil sob a acusação de terem enriquecido e se tornado poderosos demais. E aquela propriedade era um exemplo perfeito daquele enriquecimento: uma terra gigantesca, com mais de 9 mil cabeças de gado e setecentos escravizados, sem falar nas crianças negras, que não entravam na conta mas eram propriedade dos padres. Um dos escravizados, está registrado no diário, "com

IDENTIDADE: APARECIDA

idade de cento e sessenta anos, todos os dias ia ao mato trazer sua carga de lenha".

Imprecisão? Erro de grafia? Se provavelmente exagerou na idade do homem, o cronista anônimo foi bastante preciso ao reclamar que os padres não deixaram o cozinheiro da expedição entrar na cozinha, o que os obrigou a encarar a comida feita pelos negros, que não passava de "guisados de frades".

No dia 28 de julho, no momento em que as canoas da comitiva partiam de algum porto ou praia perto da fazenda de Santa Cruz, possivelmente onde hoje está Mangaratiba, no Rio de Janeiro, o futuro governador foi homenageado com duas trombetas, 24 escravizados bem-vestidos e salvas de tiros. As canoas partiram em direção à Ilha Grande, onde todos jantaram e ficaram sabendo que a enorme quantidade de soldados que havia ali era para impedir que os moradores negociassem com os piratas – em geral, franceses que encontravam a fortuna ou a forca no Brasil.[28]

Partiram.

Às cinco da manhã chegaram a uma praia, e ali foram recebidos por um homem que os tratou, nas palavras do cronista, "com a decência que permitia o deserto".

Depois de tomarem um enorme susto e quase naufragarem ao passar por um cardume de baleias, os viajantes chegaram a Paraty. Lá foram recebidos por um certo capitão Lourenço, que, na avaliação do cronista, era muito rico e poderoso porque possuía trezentos homens. Dali, dom Pedro de Almeida Portugal e sua comitiva seguiram em outras canoas tendo como próximo destino importante a vila de Guaratinguetá.

No caminho, à meia-noite, souberam que a embarcação que lhes traria comida afundara pelo caminho. Foram salvos pelo cozinheiro da expedição, que apareceu com empadas.

No dia seguinte, a comitiva se livrou da fome com o peixe tirado do mar, cozido com água, sem azeite nem vinagre, porque não havia. Até esse ponto da viagem, o cronista só parecia preocupado com duas coisas: a qualidade da comida e o excesso de baleias. E elas voltariam a aparecer aos montes, bastante agitadas, no dia 7 de agosto.

Depois disso, o mau tempo obrigou os viajantes a passar cinco dias numa vila "miserável" com moradores preguiçosos. Comeram os leitões e as galinhas oferecidos por um dos poucos ricos do lugar. Dias depois, chegaram a Bertioga, no litoral paulista. Foram a um colégio religioso e assistiram a uma missa.

Os agrados ao futuro governador aumentavam conforme ele se aproximava da vila de São Paulo, já desde muito considerada a cabeça da capitania, mas um lugar sem importância[29] aos olhos do rei.

Primeiro, "mandou a Câmara de São Paulo um grande presente". No dia seguinte, "fomos regalados com um magnífico presente que mandou um particular da Vila de Santos". E durante todo o tempo, o chefe ganhou cavalos. Tantos que até se deu ao luxo de rejeitar os piores.

Ao subir a serra em direção a São Paulo, a comitiva enfrentou uma marcha "tirana", porque a subida era dificílima e porque choveu o dia inteiro e todos caíram pelo menos uma vez nos "lameiros" que se formaram pelo caminho. Mas quando chegou à cidade de São Paulo, o cronista se esqueceu da lama e voltou a se divertir. Achou a maior graça da falta de estilo dos paulistas que os receberam a cavalo: "Eles vinham tão ridículos cada um por seu modo, que era gosto ver a adversidade da moda e das cores tão esquisitas, porque havia casacas verdes com botões encarnados, outras azuis agaloadas por uma forma nunca vista e, finalmente, todas extravagantes. Vinham alguns com cabeleiras tão em cima dos olhos que se podia duvidar se tinham testa. Traziam então o chapéu caído para trás, que faziam umas formosas figuras, principalmente aquelas que abotoavam as casacas muito acima. Com esta luzida comitiva nós fomos encaminhados para a cidade."

Dias depois de conhecer essa *fashion week* do século XVIII, dom Pedro de Almeida Portugal assumiu o cargo de governador da capitania de São Paulo e das Minas de Ouro. A cerimônia não foi na Câmara de São Paulo porque "sua pequenez não o permitia". Foi dentro de uma igreja, onde o governador comparou o rei de Portugal a Deus vivo na terra e se vangloriou de lhe obedecer tão fielmente a ponto de ter aceitado ir morar numa terra onde os nativos eram "imbecis", e os vassalos portugueses, "carniceiros do gênero humano".[30]

Se até então a viagem tinha sido regada a leitões, boas conversas e paulistas engraçados, a coisa agora ficava muito mais séria. Depois de vestir as roupas do poder, o jovem Portugal se tornaria um negociador flexível com aqueles que lhe interessassem e um exterminador implacável daqueles que considerasse inimigos. A posse na vila de São Paulo foi só uma escala rumo à Vila Rica (atual Ouro Preto), onde ele de fato governaria com armas na mão e de olho nos tais quintos do ouro, os impostos sobre a mineração que o rei dom João V não podia perder de jeito nenhum. Foi em 27 de setembro de 1717 que o governador saiu mais uma vez em direção ao interior paulista para seguir às Minas.

Na saída de São Paulo, dom Pedro de Almeida parou numa aldeia onde os indígenas "o receberam com umas danças", passou com a comitiva pelo "bastante caudaloso" rio Tietê e seguiu viagem em sua cadeirinha, carregado nos ombros de quatro indígenas cativos. Numa das noites jantou meio macaco e umas formigas cozidas tão saborosas "que nem a melhor manteiga de Flandres se lhes igualava". Quando tentou dormir, o governador foi perseguido por baratas, "que eram em abundância, praga tão grande neste país como os percevejos em Portugal".

Parou seis noites em Taubaté, vila naquele tempo mais populosa do que São Paulo. Foi recebido com festa mais adiante, em Pindamonhangaba. E partiu com uma leve indisposição em direção ao lugar que nos importa: a vila de Guaratinguetá, onde o Senado da Câmara planejava presenteá-lo com um farto banquete.

Ficaríamos sabendo disso muito mais tarde, quarenta anos depois da viagem do governador, pelo que foi registrado no livro da Paróquia de Santo Antônio. Anotou-se que a vila de Guaratinguetá queria "todo o peixe que pudesse haver" para agradar ao novo governador. E faz muito sentido que tenha sido assim.

Se o homem poderoso vinha ganhando tantos presentes, se era tão bajulado nas outras vilas, não seria nas terras do rico senhor de engenho José Correia que ele passaria fome ou tristeza. Foi da propriedade do capitão Correia que os pescadores saíram para o rio Paraíba do Sul e, depois de acreditarem que não tirariam um único peixe, pescaram o corpo e a cabeça de uma imagem que lhes pareceu ser de Nossa Senhora, e voltaram certos de ter vivido uma pescaria milagrosa. Mas o que causa espécie é o fato de que nosso dom Pedro de Almeida jamais soube daquele milagre.

Se o cronista que relatava cada detalhe gastronômico da viagem fez referência a leitões, galinhas, peixes sem gosto, metade de um macaco e até formigas saborosas, por que não disse uma única linha sobre uma pescaria milagrosa que encheu duas ou três canoas com peixes e lhes foi oferecida num banquete em Guaratinguetá? Por onde andaria o cronista faminto quando Sua Excelência se viu diante de toda aquela gulodice? Ou não teve banquete?

No dia 17 de outubro, quando seria de se esperar uma chegada festiva, quando seria natural que oferecessem o tal banquete ao visitante ilustre, o registro no "diário da jornada que fez o excelentíssimo senhor dom Pedro desde o Rio de Janeiro até a vila de São Paulo, e desta até as Minas" não tem uma única menção à comida ou ao encontro de uma imagem de Nossa Senhora. Nenhum elogio ao povo de Guaratinguetá pela realização de tão farto almoço ou jantar.

Elogio? É provável que o cronista tenha perdido a fome, ou a fé, diante do horror que encontrou naquelas terras: "Os naturais são tão violentos e assassinos que raro é o que não tenha feito morte, e alguns sete ou oito [mortos]. No ano de mil setecentos e dezesseis se mataram dezessete pessoas, e neste [ano], em menos de dois meses, três [pessoas]. E proximamente, a uma mulher grávida de oito meses."

Talvez o banquete tivesse ficado amargo demais diante dos fatos. Talvez tivesse ficado para o dia seguinte, quando o governador estaria mais descansado. Quem sabe? Mas o que o diário registra no segundo dia da visita àquela vila de assassinos é a saída de um assistente em busca de cargas que ficaram para trás.

Mais um dia. Nada de banquete ou pescaria. Muito menos uma santa milagrosa. Em Guaratinguetá, o religiosíssimo governador parece não ter tido tempo nem de ir à missa. Ou, pelo menos, diante de tantas desumanidades que aconteceram e ainda estavam por acontecer, o cronista se esqueceu de anotar.

Ainda naquele terceiro dia, o governador saiu para passear e se encontrou com um homem que lhe foi apresentado como bastardo. Era um escravizado, filho de branco com indígena. Sua Excelência foi informado de que o tal bastardo era um dos assassinos da mulher grávida. Mandou prender o homem e, pelo que conta o cronista, apareceram dezoito testemunhas para provar que ele havia cometido não um, mas três assassinatos.

No quarto dia, impossível pensar em banquete! Num tribunal presidido pelo futuro conde de Assumar, e acompanhado de padres jesuítas, o bastardo foi condenado à morte. A execução, no quinto dia, seria ótima fonte de inspiração a um artista que quisesse retratar, numa única pintura, como era a vida naquele vilarejo no exato momento em que a imagem de Nossa Senhora Aparecida foi encontrada: sob as ordens e o olhar de um governador português, o bastardo acusado de assassinato, meio branco, meio indígena e, portanto, brasileiro, era levado à forca pelas mãos de um negro escravizado, com a assistência de um padre da Companhia de Jesus. Sem dúvida, a tal pintura não se pareceria em nenhum aspecto a uma Santa Ceia. Afinal, naquele dia, mais uma vez, não existe qualquer menção a comida no relato do cronista.

O governador dom Pedro de Almeida Portugal ainda mandou prender mais uns cinco e, sem saber de banquete ou escultura santa, seguiu viagem até Vila Rica, onde deveria impor regras mais duras para a tão falada arrecadação dos impostos na extração de ouro.

Em Vila Rica, o governador encontrou uma gente que não engolia qualquer imposição, principalmente se essa lhes parecesse injusta, revoltada contra o arroxo cada vez maior na cobrança do quinto do ouro. Dom Pedro de Almeida Portugal respondeu ao povo dizendo que aceitava as condições dos revoltosos desde que terminassem imediatamente com a revolta.

Debruçado no púlpito da janela de seu Palácio do Ribeirão do Carmo, Sua Excelência – agora sim, conde de Assumar – foi aplaudido pela multidão que se aglomerava na praça e colocou fim à desordem. Mas logo se descobriria que o homem que cortava cabeças tinha feito uma falsa promessa. Mandou sinais de paz e convocou os líderes do movimento para uma conversa. Aproveitou-se da ingenuidade dos revoltosos, prendeu os líderes e encaminhou todos eles à morte. Futuramente, os historiadores chamariam aquele movimento de Sedição de Vila Rica, acontecimento importantíssimo, precursor da Inconfidência Mineira, o mais famoso movimento separatista da colônia, que nos apresentaria o herói Tiradentes.

Entre os revoltosos da sedição, condenados à morte pelo governador, fez fama um tal Filipe dos Santos, pobre morador de Vila Rica que teria se juntado aos líderes da revolta pela capacidade de mobilizar multidões com seus discursos. Especula-se até hoje se o conde de Assumar mandou mesmo enforcar Filipe. Dizem algumas línguas, que não são necessariamente más, que ele mandou amarrar pernas e braços do revoltoso em quatro cavalos até que cada um saísse em disparada para um lado diferente da praça, esquartejando o corpo do orador enganado.

O governador atingiu seus objetivos, mas o fim trágico imposto à revolta de Vila Rica fê-lo ser chamado de volta a Portugal, onde ficou encostado e esquecido por algum tempo. Só duas décadas mais tarde, Assumar voltou à ativa e foi ser vice-rei dos domínios portugueses na Índia.

Entrou para a história de Portugal como marquês de Alorna, nobre homem que derrotou o rajá e restaurou o Estado português daquele lado do mundo. Entrou para a história do Brasil como o conde de Assumar, um governador sanguinário e traiçoeiro que defendia cegamente os interesses do rei de Portugal, mesmo que para isso fosse preciso enganar o povo ou cortar as pernas de escravizados fugitivos.[31]

Mas, ao longo dos 68 anos daquele que seria conhecido como conde de Assumar, marquês de Castelo Novo e marquês de Alorna, jamais pensou-se em chamá-lo de conde de Aparecida, ou coisa parecida. Jamais se soube tampouco que aquele católico fervoroso tivesse feito qualquer menção ao encontro de uma imagem de Nossa Senhora ou comido um banquete de peixes durante as duas semanas em que se hospedou numa vila de assassinos no interior do Brasil.

IDENTIDADE: APARECIDA

Revendo a história trezentos anos depois, analisando deta-lhadamente os documentos, não seria leviano perguntar se, por acaso, apesar da pescaria milagrosa, o banquete não teria sido cancelado diante do clima absolutamente aterrorizante daquela visita. Como dom Pedro de Almeida Portugal provavelmente não comeu daqueles peixes, ou pelo menos não notou nada de especial em refeição nenhuma em Guaratinguetá, parece mais certo que morreu sem imaginar que três séculos depois de sua passagem por aquela vila seria lembrado como imprescindível para o aparecimento de uma santa de barro milagrosa, que ele jamais veria. Aliás, nem ele, nem o cronista faminto.

114

Capítulo 14

O milagre em águas imprestáveis

Diz o relato oficial que a ordem partiu do Senado da Câmara. E não foi qualquer ordem. Veio de uma casa composta por três vereadores, um juiz, um fiscal e um escrivão que, juntos, acumulavam os poderes executivo, legislativo e judiciário. Melhor cumpri-la. Ainda mais no Brasil do século XVIII, em que os desobedientes podiam acabar enforcados ou degolados.[32] E, muito mais ainda, na vila de Santo Antônio de Guaratinguetá, onde se matava por pouca coisa, onde uma mulher grávida acabava de morrer assassinada.

Às voltas com a rara passagem de uma autoridade portuguesa por aquela terra pobre, esquecida e sem maior importância, a notificação oficial deixava claro: "Apresentar todo o peixe que pudessem haver para o dito governador."

O dito governador é dom Pedro de Almeida Portugal, o jovem nobre que desde que chegara ao Brasil não fazia outra coisa a não ser viajar em cavalos, mulas, canoas ou até no lombo de escravizados, por uma região inóspita, povoada por

IDENTIDADE: APARECIDA

uma gente que ele qualificava como imbecil ou carniceira. Não é difícil concluir por que era tão importante que todo o peixe que existisse no rio Paraíba do Sul fosse colocado à mesa daquele homem. O novo governador parecia andar com uma procuração do rei dom João V e outra de Deus para fazer o que julgasse necessário em defesa dos interesses de Portugal.

O documento que associa o encontro da imagem de Nossa Senhora à visita do governador é o mais detalhado e mais valioso entre os dois reconhecidos oficialmente pela Igreja.[33] Foi escrito em 1757, com base no relato de José Alves Vilella, pároco de Guaratinguetá, nas palavras de um outro padre que era mestre em teologia e tinha pouca paciência para os detalhes. É esse o texto que sustenta até hoje grande parte da história da santinha.

Depois de falar sobre a ordem da Câmara, o padre João de Morais Aguiar nos informa que foram muitos os que saíram a pescar. Mas, um momento, padre! Muitos, quantos? Cinquenta, trinta, doze? Quem eram eles? A partir desse ponto, o narrador se esquece dos outros possíveis pescadores e conta a aventura de apenas três: "Entre muitos, foram a pescar Domingos Martins Garcia, João Alves e Felipe Pedroso com suas canoas."

Partiram de um porto particular, na fazenda do capitão José Correia Leite, dono de terras e muitos escravizados na vila de Pindamonhangaba, vizinha de Guaratinguetá. Se mais alguém estava com eles no momento em que acharam a santinha? Não há indícios. Em quantas canoas os três homens partiram? Talvez duas, porque o padre se refere a elas no plural. Mas podem ter sido três. No máximo, três.

116

Não se sabe em que dia foi, a que horas saíram, se chovia ou fazia sol. Detalhes ajudariam muito na reconstituição daquele momento histórico, mas não há absoluta certeza de nada. Pior: se o ano adotado oficialmente pela Igreja está mesmo correto, o autor da narrativa errou o registro do acontecimento. Justamente nas primeiras palavras do relato, ele diz que a imagem foi encontrada "em 1719, pouco mais ou menos [...]".

O padre, que escreveu o relato quatro décadas depois dos fatos, fala que a pescaria foi em razão da visita do governador dom Pedro de Almeida Portugal. E a data dessa visita nós temos certeza porque há o diário oficial da viagem dizendo que ele esteve lá em 1717. Ao juntar as informações dos dois documentos, aqueles que se debruçaram sobre essa história chegaram à conclusão de que o encontro da imagem nas águas do Paraíba deve ter sido, para usar o estilo do padre narrador, "um pouco antes ou depois" do dia 17 de outubro de 1717, quando o governador chegou a Guaratinguetá. Mas como esta nova edição revelará adiante, haverá ao longo desses trezentos anos outro documento afirmando que o ano do encontro foi realmente 1719, concordando com o relato oficial e discordando da data oficializada. Tal documento dirá que não foi para o governador que os pescadores saíram a pescar, mas para outros representantes do governo e, portanto, poderia ter sido em 1719.

De volta ao relato oficial, o padre narrador informa que os pescadores percorreram "distância bastante" até o porto de Itaguaçu, sem tirar um único peixe do rio.[34] E ali, nas proximidades daquele porto, a cinco ou seis quilômetros do ponto de partida, o destino daqueles três homens começou a mudar.

Foi João Alves quem jogou sua rede de pesca e trouxe de volta o corpo escuro de uma escultura sem cabeça. Dá para imaginar a decepção de João, pensando em peixes e retirando da rede aquele objeto cheio de lodo, uma escultura de barro que, sem a cabeça, só reparando bem nas mãos espalmadas alguém diria se tratar de uma santa. Ainda mais depois de tanto rolar pelas águas de um rio barrento que os indígenas chamaram de Paraíba justamente por considerá-lo imprestável (*para*, em Tupi, significava rio, e *aiba* quer dizer ruim ou imprestável; mas como naquela época do ano não chovia muito, e não havia enchentes no rio, é possível até que o Paraíba estivesse cristalino no dia da pesca).

João Alves continuou tentando pescar e, mais adiante, tirou da água a cabeça daquela mesma escultura. Não dá para saber se ele viu algo de milagroso nisso. Fato é que o documento diz que João enrolou a mulher decapitada num pano e, então, aconteceu o que se conhece como o primeiro milagre da Santa Aparecida: daquele ponto em diante, a pescaria foi tão farta que os três se deram por satisfeitos e resolveram voltar para casa. "Pelo muito peixe que tinham nas canoas, se retiraram a suas vivendas, admirados desse sucesso."

Nada indica que o governador dom Pedro de Almeida Portugal tenha comido ou sequer ouvido falar desses peixes. Talvez, assustados com o milagre ou com o governador, os três homens tenham preferido ficar em suas casas tentando entender o aparecimento da imagem e a pescaria surpreendente que se seguiu. Aos olhos dos habitantes do interior de São Paulo no século XVIII, uma coisa desse tipo só poderia ser obra dos céus.

Aliás, não faltavam referências. A pescaria milagrosa nas águas do Paraíba era quase uma repetição daquela que quase 1.700 anos antes mereceu destaque nos evangelhos cristãos. A pescaria de João Alves e companheiros é muito parecida àquela de Simão Pedro e companheiros, tanto pela natureza do milagre quanto pelas imprecisões dos relatos.

No Evangelho de Lucas, quando Jesus de Nazaré se encontra com Simão às margens do mar da Galileia, toma conhecimento de que ele e os outros pescadores tinham passado a noite sem tirar um único peixe daquele lago gigante, também conhecido como lago de Tiberíades, lago de Genesaré ou, ainda, em hebraico, Kinneret. Mas como aquele homem pedia com tanta confiança que eles voltassem a pescar, Simão e os companheiros resolveram tentar uma última vez. "Mestre, trabalhamos a noite inteira sem nada apanhar; mas porque mandas, lançarei as redes."[35] Segundo Lucas, a pescaria milagrosa aconteceu nos primeiros momentos da pregação de Jesus, quando ele arrebanhou seus primeiros discípulos, num tempo em que o apóstolo Pedro ainda não tinha seu novo nome e era apenas o pescador Simão.[36] "Apanharam tamanha quantidade de peixes que suas redes se rompiam [...] e encheram os dois barcos a ponto de quase afundarem."[37]

No Evangelho de João, o mesmo fato aconteceu depois da ressurreição, quando Jesus Cristo reapareceu a Simão Pedro e a alguns outros discípulos e precisou provar que era ele mesmo quem estava diante deles: "Já amanhecera. Jesus estava de pé, na praia, mas os discípulos não sabiam que era Jesus. Então Jesus lhes disse: 'Jovens, acaso tendes algum peixe?'

Responderam-lhe: 'Não!' Disse-lhes: 'Lançai a rede à direita do barco e achareis.' Lançaram, então, e já não tinham força para puxá-la, por causa da quantidade de peixes."[38]

Já nos Evangelhos de Marcos e de Mateus[39], nesse trecho, não se fala em milagre. Jesus simplesmente chamou os pescadores, entre eles o futuro fundador da Igreja Católica, e eles largaram tudo para segui-lo.

Assim como na Bíblia, os relatos históricos sobre o aparecimento da imagem de Nossa Senhora Aparecida trazem diferenças importantes. O mais antigo desses relatos, e também o mais incompleto, foi apurado por dois missionários jesuítas entre 1748 e 1749, redigido e enviado no ano seguinte à sede da Igreja Católica. O texto original está escrito em latim, não faz nenhuma referência ao resultado da pescaria e não especifica nenhum milagre. Só foi revelado duzentos anos depois, por um padre brasileiro que vasculhou os arquivos do Vaticano.[40]

"Aqueles dois missionários nossos [...] chegaram finalmente à Capela da Virgem da Conceição Aparecida situada na Vila de Guaratinguetá, que os moradores chamam 'Aparecida' porque, tendo os pescadores lançado as redes no rio, recolheram, primeiro o corpo, depois, em lugar distante, a cabeça." Em seguida, os missionários fazem uma constatação sobre a cor da santinha, possivelmente azulada por algum resto de tinta, ou pelo lodo acumulado durante o período em que ficou no fundo do rio: "Sua cor é azul-escura, famosa pelos muitos milagres realizados." Ainda que na tradução ao português esteja escrito "azul-escura", a palavra latina usada pelos jesuítas foi *caerulei*, que de acordo com o dicionário Collins pode significar azul-escuro, verde-escuro ou simplesmente azul.

O MILAGRE EM ÁGUAS IMPRESTÁVEIS

Como se pode notar, os padres da Companhia de Jesus (aquela mesma ordem que seria expulsa do Brasil sob acusação, entre outras coisas, de enriquecimento ilícito, pouco mais de duas décadas depois)[41] perceberam que as doações feitas à Santa Aparecida se multiplicavam muito mais do que os peixes: "A capela recebe esmolas pecuniárias, doadas por devoção e gratidão, lucrando todos os meses mais de cem mil-réis."

No momento em que o relato foi escrito, quando rendia uma pequena fortuna mensal aos cofres da paróquia, Aparecida já tinha até capela e reconhecimento oficial da Igreja. Mas nem sempre foi assim.

Quando terminou a pescaria, pelo que sempre se contou, João Alves, que trazia os dois pedaços da escultura enrolados num pano, não teria levado a Nossa Senhora quebrada para casa. Por quê? Afinal, ele tinha sido o escolhido para encontrar a imagem milagrosa. Será que não reconheceu de imediato que a pescaria tão farta era em decorrência do surgimento da santa? Ou talvez porque comungasse da crença de que imagens quebradas traziam má sorte? O que está documentado é que João Alves deixou as duas partes da escultura aos cuidados de um companheiro de pescaria: "Felipe Pedroso conservou a imagem por seis anos, pouco mais ou menos, em sua casa junto a Lourenço de Sá; e passando para a Ponte Alta, ali a conservou em sua casa nove anos pouco mais ou menos."[42] Mas essa informação, provavelmente uma injustiça histórica com João Alves, será questionada por um novo documento, inédito até o momento em que apresentamos esta edição do livro *Aparecida*.

121

Capítulo 15

Os primeiros devotos

Quando o capitão José Correia Leite morreu, em 1744, o juiz encarregado do inventário mandou chamar o testamenteiro à capela de Nossa Senhora do Rosário, onde se encontrava o corpo. Depois de jurar sobre a Bíblia, o testamenteiro começou a listar o que tinha sido deixado pelo defunto: uma escrivaninha de jacarandá, uma cadeira com encosto, dois bancos, quatro catres tecidos, um leito velho, seis colchões, utensílios de prata, uma corrente de ferro, a própria capela do Rosário e... entre um bocado de coisas velhas, remendadas ou imprestáveis, a lista dos escravizados.

Conforme o desejo do fazendeiro, algumas crianças cativas seriam doadas à Igreja. Os adultos escravizados ficariam com os herdeiros. Ao todo, entre bebês, crianças, adultos e idosos, eram 41. Cinco foram listados como negros ou mulatos. Os 36 restantes podem ter sido indígenas cativos, ou mestiços, como era comum naquela época, na ainda pobre capitania de São Paulo. Entre esses escravizados que não eram negros, chamam atenção as coincidências com os nomes dos pescadores.

Um dos homens escravizados pelo capitão Correia Leite chamava-se Felipe, e estava com cinquenta anos em 1744. Na data do encontro da imagem de Nossa Senhora Aparecida, Felipe tinha aproximadamente 23 anos. Seria o Felipe Pedroso, aquele que levou a imagem de Aparecida para casa depois da pescaria?

O testamenteiro leu ainda o nome de outro escravizado de cinquenta anos que se chamava Domingos, conhecido como Domingos Comprido. O outro Domingos da lista do finado capitão Correia Leite tinha quarenta anos e o apelido de Sapateiro. Era o Domingos Martins, coadjuvante na famosa pescaria?

O testamenteiro informou sobre João, um escravizado de 64 anos chamado Banguela. João Alves, banguela?

Sabendo que o capitão Correia Leite era o dono do porto de onde os três homens saíram no dia em que encontraram a santinha Aparecida, não parece nenhum absurdo pensar que Felipe, Domingos e João eram escravizados e foram pescar por ordens do homem poderoso que queria agradar ao governador. Ainda mais depois dessa coincidência de nomes. Mas é mais provável que fossem homens livres, e os sobrenomes de origem portuguesa e espanhola reforçam isso.

Pelos documentos que atestam os batizados de dois netos[43] de Felipe Pedroso, conclui-se que ele estava vivo em 1720, três anos depois do encontro da santinha, e já morto em 1745, quando outro neto recebeu a bênção e os santos óleos das mãos do mesmo padre José Alves Vilella. Isso explica porque, em 1743, quando o padre Vilella escreveu seu relato, a imagem havia passado de Felipe para seu filho Atanásio.

Domingos Martins viveu muito mais. Foi listado num levantamento populacional em 1765. Sobre João Alves só ficaremos sabendo dos primeiros momentos depois do encontro da imagem, não seu destino.

A leitura do maior clássico da história do Brasil sobre as raças que formaram o nosso país, *Casa-Grande & Senzala*, de Gilberto Freyre, sugere que homens livres que moravam no interior de São Paulo no século XVIII eram provavelmente brancos ou morenos. Era comum que fossem donos de pequenas propriedades onde produziam o que precisavam para sobreviver. Viajantes que passaram por Guaratinguetá um pouco depois do encontro da imagem notaram que havia algum comércio na vila.[44] A posição estratégica de Guaratinguetá como passagem quase obrigatória no caminho entre a cidade do Rio de Janeiro e as Minas de Ouro, com o importantíssimo porto de Paraty muito próximo, atraiu para lá muita gente que saiu de outras partes do Brasil e até do exterior atrás de ouro ou outra oportunidade de riqueza.

Eram pequenos lavradores, talvez. Comerciantes? Quem sabe... Pode ser que tenham chegado até ali pensando em ganhar dinheiro. Pode ser. Há dezenas de livros devocionais que os qualificam como pescadores piedosos ou homens humildes mas, lamentavelmente, não há informações sequer para se afirmar que todos eles eram religiosos. E qualquer adjetivo que venha a ser empregado sobre os três homens é mera especulação. Podiam ser tanto piedosos como maldosos, numa terra conhecida pelos seus muitos assassinos, prostitutas e vagabundos.

O sobrenome sugere que a origem de Felipe Pedroso é portuguesa. Ele dificilmente foi um escravizado. Pode ter sido um pequeno comerciante. Ou mais um entre muitos desbravadores que se mudaram da vila de São Paulo para o interior da capitania em busca de riqueza. Incontestável é que lhe apareceu à frente uma imagem decapitada, que ele a levou para casa, colou a cabeça no corpo e passou aproximadamente quinze anos cultuando a escultura "aparecida" num pequeno altar doméstico, sem que muita gente a visse.

Não se sabe por que, depois de muitos anos guardando-a em sua casa, Felipe confiou aquela Nossa Senhora ao filho Atanásio. Ou Aparecida chegou a Atanásio como parte de uma pequena herança após a morte do pai? Na casa de Atanásio Pedroso, sabemos que Aparecida começou a ser cultuada com todas as reverências que uma imagem milagrosa costuma merecer. Perto de casa, muito perto do porto de Itaguaçu, de onde o pai dele e os dois companheiros tinham trazido a imagem, Atanásio construiu um altar de madeira[45] e um oratório para abrigar a escultura. Ali ela ficou exposta, na beira da estrada, começou a atrair visitantes que a conheciam pelo apelido que lhe faria famosa. A imagem que tinha aparecido nas águas do rio era, portanto, "aparecida"... Nossa Senhora da Conceição Aparecida.

Começou como um culto sem rigor religioso, sem frei ou frade, padre ou vigário, e passou muitos anos longe dos olhos da Igreja. Aos sábados, não se sabe exatamente em que horário, os vizinhos de Atanásio iam até a casa dele para rezar o terço e cantar em homenagem àquela Nossa Senhora. O relato oficial imprecisso não nos deixa saber ao certo quem era a Silvana da Rocha a quem o padre narrador, aquele que em 1757 registrou oficialmente os acontecimentos, se refere a ela apenas como "mãe".

Silvana podia ser mãe de Atanásio, mas é improvável. No registro de batismo de José Pedroso, neto de Felipe, o nome da avó paterna é Verônica da Silva. Silvana poderia ser uma vizinha da família Pedroso. Ou é chamada de mãe no sentido de madre, freira? Seria mãe de Domingos Garcia? Ou de João Alves? Ficaremos sabendo sobre Silvana, mas só muito mais tarde. O que o documento oficial afirma é que uma tal "mãe Silvana da Rocha" quem dá vida ao segundo milagre atribuído a Nossa Senhora Aparecida. O primeiro, sabemos, é a pescaria milagrosa no próprio momento do encontro.

Era mais um dia de culto na capela construída por Atanásio quando "se apagaram duas luzes de cera da terra, repentinamente, que alumiavam a Senhora". Conforme se registrou nos documentos da Igreja, pareceu estranho a todos que as velas se apagassem numa noite tão tranquila e sem vento. E ainda mais estranho: sem que ninguém fizesse nada, as velas voltaram a se acender.

"Em outra semelhante ocasião", escreveu o padre narrador, "noite de sexta-feira para sábado, estando a Senhora em poder da mãe Silvana da Rocha, guardada em uma caixa ou um baú velho, ouviram dentro da caixa muito estrondo." E como muitas pessoas testemunharam aqueles acontecimentos sobrenaturais, a fama da imagem milagrosa e de seus prodígios começou a se espalhar por São Paulo, pelas Minas e, depois,

OS PRIMEIROS DEVOTOS

pelo resto da colônia. Mas, um momento! Se Silvana guardava a imagem numa caixa, não era então em sua própria casa que ficava Aparecida? Será que o relator foi tão impreciso que não citou o fato importantíssimo de que foi uma mulher a primeira guardiã da imagem de Aparecida?

Por muitas e muitas décadas, inclusive na primeira edição deste livro, publicada em 2014, acreditou-se que não: o que se podia afirmar com base em documentos era que Felipe Pedroso havia sido o grande responsável por guardar a imagem que João Alves pescou no rio. Assim, pela versão conhecida até pouco antes das celebrações do tricentenário de Aparecida, teria sido um homem, Felipe Pedroso, o responsável por identificar o caráter milagroso da imagenzinha de barro que se tornaria a padroeira do Brasil. Mas haja injustiça! Nesta edição, a partir de documentos encontrados recentemente nos arquivos da Cúria Metropolitana de Aparecida, apresentamos uma versão inédita que parece explicar, finalmente, porque o nome de Silvana da Rocha aparece no relato oficial como se ela fosse a "mãe" e, principalmente, porque foi Silvana a testemunha do segundo milagre atribuído à imagem de Aparecida. Vamos às novas revelações!

Capítulo 16

A primeira guardiã de Aparecida

Numa pasta azul, guardada a sete-chaves no arquivo da Cúria Metropolitana de Aparecida, encontra-se um volume grande de documentos históricos chamado de "Acontecimentos Extraordinários Referentes à Imagem", tão valioso que só pode ser acessado com luvas e, por sua fragilidade, não pode entrar em máquina nenhuma para ser copiado ou escaneado. Dentro da pasta, na seção "Tradição Oral", o documento que faz a revelação recebeu o título de "Pontos Históricos em Relação à Capella de Nossa Senhora da Conceição Apparecida". Foi escrito no século XIX e copiado à mão no século XX. O autor é Antônio José dos Santos, provavelmente, um dos muitos capitães-mores (equivalente aos prefeitos de hoje, só que mais poderosos por serem também juízes) de uma mesma família que mandou por muito tempo em Guaratinguetá. O Antônio José dos Santos de que falamos nasceu em 1771, apenas algumas décadas depois que Aparecida foi encontrada no rio.

O escritor registrou a tradição oral da época, e talvez tenha se inspirado também no conteúdo de um livro até hoje procu-

Homenagem aos três pescadores que descobriram a santinha.
A capela foi erguida no local onde Atanásio Pedroso construiu
o primeiro oratório de Nossa Senhora Aparecida.

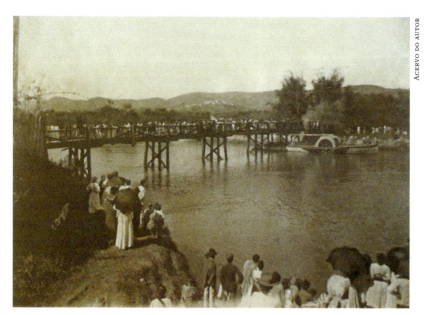

Fiéis vestidos em seus melhores trajes assistem à procissão de
Nossa Senhora Aparecida das margens do rio Paraíba do Sul.

O seminário Bom Jesus, o Colegião, foi palco de algumas das muitas tentativas de se colar a cabeça ao pescoço da imagem de Aparecida.

Ao chegar ao Brasil, em 1894, os padres alemães resolveram sair para conhecer os vilarejos próximos ao santuário, mas a empreitada foi frustrante. Na cidade vizinha a Aparecida, Potim, a situação era tão precária que até a batina do vigário estava rasgada.

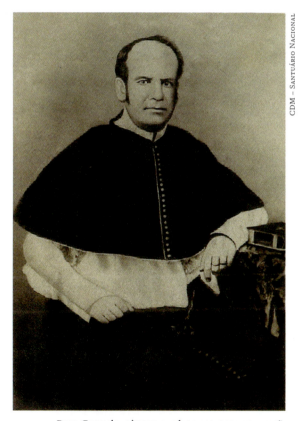

Dom Carmelo, cônego que lutou contra a corrupção para construir a primeira basílica de Aparecida.

Cardeal Leme escolta o presidente deposto Washington Luís depois de convencê-lo a entregar o cargo, em 1930.

Decreto do papa Pio XI, em 1930, que fez de Aparecida a padroeira do Brasil.

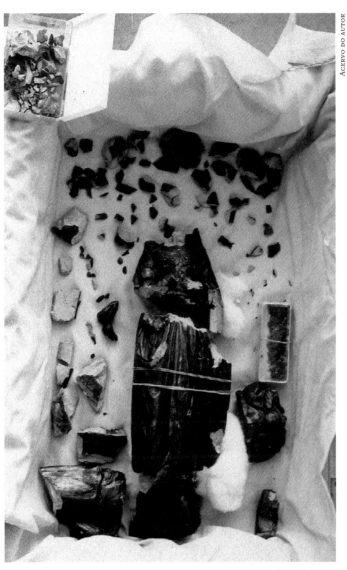

O que sobrou de Aparecida depois do atentado de 1978 foram mais de trezentos fragmentos e muita "poeira sagrada".

Uma das fotos mais antigas da imagem com seu manto e sua coroa.

O padre Pedro Fré convocou a restauradora Maria Helena Chartuni para devolver à imagem suas cores escuras depois que padre Izidro a pintou com tinta automotiva, querendo deixá-la com a pele clara (como teria sido originalmente).

A restauradora Maria Helena Chartuni usou uma cola argentina para grudar os pedaços sagrados da santinha atacada. Se serve de consolo aos bairristas, a imagem da padroeira argentina de Nossa Senhora de Luján foi esculpida no Brasil (na mesma época em que Aparecida nascia do barro paulista).

Depois de receber, inutilmente, todo tipo de cola e até cimento, a "eterna" fratura no pescoço de Aparecida foi curada em definitivo na restauração de 1978, quando Maria Helena Chartuni contou que, a pedido dos padres, precisou "abrir mão das regras da arte" e fez sumir todas as marcas históricas que, normalmente, deveriam ser preservadas.

Antes de ser restaurada, Aparecida era assim. Sempre com alguma coisa em volta do pescoço, para lhe esconder a cicatriz; e com os cabelos curtinhos, pois o barro fino que os fazia longos não resistiu às muitas vezes em que a cabeça se separou do corpo. O nariz quebrado sempre foi um incômodo para os padres redentoristas que cuidavam dela.

Esta réplica de barro, no Museu do Santuário, é o mais próximo que podemos ver hoje da imagem original encontrada em 1717 (ou 1719) no rio Paraíba do Sul.

Inúmeras versões de Nossa Senhora Aparecida feitas por artistas brasileiros estão em exposição no Museu do Santuário.

De tempos em tempos, Aparecida ganha de presente uma nova coroa. A mais famosa lhe foi dada pela princesa Isabel, que, curiosidades da história, não se tornou rainha, mas ajudou no processo de coroação da santinha em 1904.

A Sala dos Milagres guarda apenas uma pequena parte dos incontáveis objetos que os fiéis relatam terem sido provas de milagres acontecidos por intermédio da santinha. Aqui, uma bala de revólver e o telefone celular que ela atingiu.

O documento original em latim com o primeiro relato sobre os milagres atribuídos à imagenzinha de barro que os pescadores acharam no rio Paraíba do Sul.

Muitos famosos fazem de joelhos a peregrinação até o santuário de Aparecida. Esta imagem foi levada em 1999 pelo comediante Renato Aragão, o Didi Mocó de *Os Trapalhões*. Na época, ele usou a peregrinação para ajudar na campanha Criança Esperança, realizada em parceria pelo Unicef e pela TV Globo.

Fiéis levam imagem de Aparecida à Pedra da Unção de Jesus, na Basílica do Santo Sepulcro, em Jerusalém.

Padre Júlio Brustoloni, um dos mais importantes historiadores do santuário, responsável por guardar documentos fundamentais a esta biografia, falecido em 2017.

Dois dos treze padres alemães que, no fim do século XIX, saíram do convento da cidade de Gars (abaixo) numa aventura quixotesca ao serem convidados a assumir o santuário que tinha sido abandonado pelos amigos do imperador Pedro II.

O autor, finalizando processo de pesquisa para este livro, na Alemanha, em 2014.

OS FACTOS

Que se não explicam

Para os que creem e para os "homens de pouca fé"

No meio de 5 kilos de prata, posta para se dissolver, uma pequena medalha de N. S. Apparecida resistiu a acção do acido

Já não ha milagres!

Ouve-se a toda hora essa affirmativa, que os scepticos e os materialistas não se cansam de proclamar. E os que desejam o impossivel, aquelles que sonham alcançar o céo com as mãos, vendo a impossibilidade de obterem o que pretendem, num gesto de desanimo, num grito de inospitavel despeito asseveram, num

A medalha de Nossa Senhora Apparecida, de que trata a noticia, dez vezes ampliada

riso, entre zombeteiro e amarello, mais para justificar o fracasso do que para tornar publica a sua falta de fé:

— O tempo dos milagres já passou.

Mas, o certo é que factos existem para os quaes não ha explicação possivel, dentro das leis preestabelecidas pela sciencia e o espirito humano, impotente para justifical-os, appella para a força omnipotente de uma vontade sobrenatural, que os dirige e realiza.

O caso que chegou ao nosso conhecimento e que vamos narrar linhas abaixo, sem maiores commentarios, accrescenta animo a esses. Um milagre? Como o poderá calcular o sceptico? Os que o verificaram, embora sem grandes propensões para a crença nas coisas miraculosas, não sabem responder á interrogação. De qualquer modo, o facto desperta curiosidade e merece ser conhecido. Ecnliquem-no os que o poderem fazer.

A' rua Visconde de Itaúna n. 167, tem a firma Tiraboschi, Ferrentini e Cia., uma officina metallurgica para fabricação de artefactos de metal, especialmente objectos de adorno.

A maior parte dos artigos são prateados pelo processo de galvanização, utilizando-se prata velha, que é dissolvida, sob a acção poderosa do acido nitrico.

Ha dias, realizava-se naquelle estabelecimento industrial a dissolução de cinco kilos de prata. Eram objectos de toda a especie: moedas, garfos, facas, etc. e uma pequena medalha de Nossa Senhora Apparecida, que, por inadvertencia, não fôra retirada.

Era uma fragil medalhinha e os demais objectos, pela sua espessura e tamanho a ella não podiam se comparar.

Depositada toda a prata no recipiente de barro, procedeu-se a operação, tendo sido empregada grande quantidade de acido que, como de costume, reduziu a estado liquido todas as peças.

Uma vez verificado que terminara a acção do dissolvente, pois terminára a ebulição, foi o liquido filtrado. Com sorpresa e admiração de todos os presentes — cerca de trinta operarios — viu-se que o acido poupára a medalhinha, tendo apenas agido sobre a parte que circundava a imagem, ficando incolume o corpo de Nossa Senhora Apparecida.

Resta accrescentar que o trecho da pequenina medalha, que não soffreu a acção do acido foi, posteriormente, tocado, verificando-se que se trata, effectivamente, de prata.

Milagre? Que outro nome pode ter o facto? Que o expliquem os que creem e que o expliquem tambem os "homens de pouca fé".

Relato de milagre.

Visita de Bento XVI ao santuário de Aparecida, em 2007.

Em 2013, foi a vez do papa Francisco ir até o santuário.

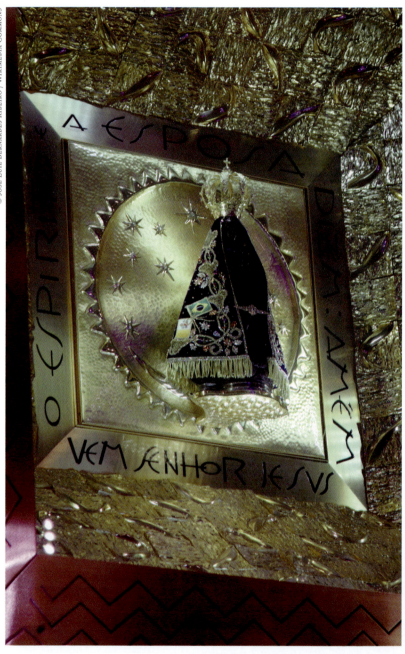

Depois do atentado, Aparecida passou a ser guardada num cofre blindado, num lugar muito alto, longe do alcance de qualquer "possesso".

rado pelos padres do santuário: o Primeiro Tombo da Matriz de Guaratinguetá, com os acontecimentos anteriores a 1743. O texto é preciso ao indicar nomes e fatos, extremamente detalhado, e – sem questionar as informações contidas no relato oficial de 1757 – faz uma série de acréscimos importantes, começando pela primeira frase que nos revela, enfim, quem era a mãe Silvana.

"Silvana da Rocha Alves e seu filho João Alves moravam em um casebre no alto do Capitão Mor; este morava em Guaratinguetá mas dominava os moradores deste lugar." O documento nos revela um clima de medo ainda maior do que imaginávamos naquela região. Mas o que nos interessa agora é a história particular envolvendo Silvana e a santinha que, antes de qualquer pessoa, pelo que nos informa o texto, a mãe de João Alves guardou em sua casa.

O texto de Antônio José dos Santos volta a falar que o encontro da imagem foi em 1719. Terá sido mais um erro? Ou o erro na data surgiu depois? Esse documento jamais comete o pecado da imprecisão. E ao esmiuçar os detalhes, muda a versão famosa de que foi por causa da visita do novo governador de São Paulo e Minas de Ouro que os três homens saíram a pescar (a viagem do governador foi em 1717, como sabemos).

"Acontece que no dia 8 de Dezembro de 1719, tinha de chegar em Guaratinguetá uma comissão de engenheiros e governadores que andavam explorando a estrada de rodagem", segue o relato, informando ainda que o capitão-mor, o homem que mandava em tudo e em todos, ordenou a João Alves e outros pescadores que apresentassem "a maior porção de peixe que pudessem, caso contrário, tomariam uma multa". Pode ser. Pode ser também que fosse comum esse déspota de Guaratinguetá mandar pescadores agradarem visitantes importantes, como fizeram durante a visita do governador dom Pedro de Almeida e também nessa outra vez citada no documento.

No que se segue, o relato concorda com a narrativa oficial de 1757. Depois da pescaria milagrosa é que vem a novidade.

"(João) Alves, chegando à sua casa, entregou a Santa à sua mãe pedindo que a adorasse, porque ela tinha feito um grande milagre." Então João Alves era católico! Deu importância enorme ao que encontrou nas águas! Tudo faz mais sentido. "Silvana da Rocha pegou a Santa quebrada e guardou-a em uma caixa. Alves foi para Guaratinguetá fazer a entrega de peixes, e lá pousou." Pela primeira vez ouvimos falar no destino que foi dado aos peixes daquela pescaria milagrosa.

No dia seguinte, quando João voltou para a casa onde vivia com a mãe, Silvana da Rocha lhe relatou o que parecia ser um sinal da presença divina. "Sua mãe queixou-se a ele que desde a hora em que guardou a Santa na caixa ouvia-se dentro da dita caixa um pequeno barulho."

Então, a santinha quebrada se movimentava sozinha dentro da caixa onde ficava guardada na casa de Silvana? Havia algo de sobrenatural em tudo aquilo. João pediu à mãe que rezasse um terço todas as noites. "Silvana da Rocha concordou com o filho e mandou que este fosse convidar os vizinhos para virem rezar." E foi aí que se montou o cenário para o segundo milagre atribuído a Aparecida. Mais importante: foi assim que começou a devoção a Nossa Senhora Aparecida, do jeito que a conhecemos até hoje.

"Silvana da Rocha aprontou uns rolos de cera de mandaçaia [um tipo de abelha] para acender durante os terços." Mais uma vez, o relato que se guardava no fundo do arquivo da Cúria confirma aquilo que foi divulgado ao longo desses três últimos séculos: Silvana acendeu as velas, "colocou a santa em um cepo de graúna [um tronco de madeira] que tinha rente da porta, e os três rolos [de cera, as velas] na parede do casebre".

Durante a reza, afirma o relator, "começa uma tempestade muito forte, soprava um grande vento e os relâmpagos eram sucessivos. Devido ao forte vento, apagaram-se as luzes todas". Silvana da Rocha então foi atrás de fogo para reacender as velas. "Antes que esta chegasse o tição de fogo aos rolos [as velas], estes acenderam-se por si só."

Demonstrando proximidade com os fatos que narra, Antônio José dos Santos afirma que todos aqueles relatos chegaram ao conhecimento do padre José Antônio Vilella, o vigário de Guaratinguetá, que mandou um sacristão acompanhar aquelas rezas na casa de Silvana. E aí surge a história de um outro milagre, desconhecido até agora.

O padre Vilella mandou o sacristão levar a santa Aparecida até a igreja de Guaratinguetá. E assim foi feito. Mas, no dia seguinte, a imagem reapareceu na casa de Silvana, onde também morava seu filho João Alves. O padre pediu a prisão de João. Justamente ele, o pescador que tirou a imagem do rio, roubando a santa da igreja? João foi parar na cadeia!

A santa foi levada outra vez à igreja e outra vez reapareceu como mágica na casa de Silvana. Se João estava preso, quem a levou? Ou a imagem tinha vontade própria?

IDENTIDADE: APARECIDA

"O vigário, com isto, viu que era um prodígio de milagre, deu liberdade a (João) Alves e reuniu-se com o capitão-mor mandando construir uma capelinha para a Santa, que a conservou dez anos em poder de Silvana da Rocha." A frase final está escrita assim, errada mesmo, mas parece dizer que o padre Vilella permitiu que, mesmo na capelinha, Silvana continuasse como guardiã de Aparecida.

Apesar de algumas discordâncias pequenas, o relato encontrado recentemente na pasta "Acontecimentos Extraordinários" nos revela o que, provavelmente, eram os detalhes que faltavam para que entendêssemos, enfim, como aquela imagenzinha de barro saiu quebrada das águas do rio e acabou se tornando o maior símbolo da fé brasileira. Aparecida, tudo nos leva a crer que é verdade, pois os relatos são fidedignos e se complementam, ficou, antes de qualquer outro lugar, na casa de Silvana da Rocha, mãe de João, o jovem que, de fato, foi quem pescou o corpo e a cabeça da imagem no fundo do rio.

Desfaz-se aqui uma injustiça histórica?

Tudo leva a crer que sim.

Depois de Silvana, aí sim, segue a história, Aparecida foi entregue à família Pedroso. Primeiro nas mãos de Felipe e, anos depois, na casa de seu filho. Atanásio Pedroso, segue o relato de 1757, achou por bem construir uma nova capelinha, um pouco maior e mais adequada à enorme quantidade de gente que aparecia para ver a santinha que fazia milagres. Foi num lugar chamado Ponte Alta, perto da estrada por onde passava meio Brasil. Aparecida ficou ali por quase uma década, esperando que a Igreja um dia acordasse e reconhecesse aquele fenômeno oficialmente.

Capítulo 17

Habemus santa

Até quando fazer vista grossa? Como seria possível que o padre José Alves Vilella jamais se desse conta de que o fenômeno Aparecida crescia nas barbas dele, a menos de uma légua da paróquia? Pois ficou cada vez mais evidente que o oratório de Atanásio Pedroso era muito mais falado que a Igreja de Santo Antônio de Guaratinguetá que ele comandava, e o vigário ainda meio sonolento finalmente abriu os olhos para a santinha quebrada.

Seu primeiro ato, sem comunicar nada aos chefes, havia sido se juntar aos devotos e ao capitão-mor que mandava na vila para construir uma capelinha simples, quase improvisada, em homenagem à santa que tanto barulho fazia na casa de Silvana da Rocha. Um pouco depois disso, depois que dois vigários chegaram e foram embora sem nada fazer,[46] após duas décadas e meia de silêncio, foi em 1743 que o padre Vilella resolveu levar aquele zum-zum-zum ao conhecimento do bispo do Rio de Janeiro, que na época mandava nas igrejas da região. O padre fez o que exigia o protocolo. Convocou as testemunhas, anotou os depoimentos que confirmavam o encontro da imagem nas águas do rio, ouviu aqueles que juravam ter presenciado os milagres realizados por intermédio da santinha, preparou um relatório e encaminhou a documentação ao Rio. Quem formalizou o pedido foi um escrivão da igreja.

"Diz o padre José Alves Vilella [...], com os mais devotos de Nossa Senhora da Conceição Aparecida, que, pelos muitos milagres que tem feito a dita Senhora a todos aqueles moradores, desejam erigir uma capela com o título da mesma Senhora da Conceição Aparecida, que se acha até agora em lugar pouco decente."

Se o vigário conseguisse autorização para construir a igreja, por menor que fosse, Aparecida deixaria de ser um culto improvisado, meio torto, e entraria nas celebrações oficiais, pelo menos ali na vila, e atrairia mais fiéis para a matriz de Guaratinguetá.

A resposta oficial veio logo, em 5 de maio daquele mesmo ano.

"Havemos por bem de lhes conceder licença, como pela presente nossa provisão lhes concedemos, para que possam edificar uma capela com o título da mesma Senhora na dita freguesia, em lugar decente e assinalado pelo reverendo pároco."

Com essas palavras, a Igreja Católica reconheceu a existência da primeira imagem milagrosa surgida em terras brasileiras, uma santa de barro que se tornaria parte importante da identidade do Brasil. No latim usado até hoje pelo Vaticano, foi como se dissessem *habemus santa!* Ou, colocando em termos mais simples, era o Brasil descobrindo sua cara, cada vez mais diferente de Portugal.

A provisão que reconhecia Aparecida tinha a força de uma lei religiosa, e o bispo deu ordens bastante específicas. Exigiu que a capela não fosse de pau a pique, com aqueles troncos finos de árvore recheados com argila, mas sim de madeira durável, com pinturas coloridas, "cálice de prata e coisas mais necessárias".[47]

Mas faltava a terra. A Igreja só autorizaria a obra se o padre Vilella conseguisse os terrenos de graça. E logo, logo o pároco português estava sentado na sala de estar de uma fazenda, depois na casa de uma família e, por fim, ao lado de uma viúva, recebendo as generosas ofertas: três moradores de Aparecida doaram os três terrenos vizinhos que, juntos, formavam o morro onde Vilella queria colocar a capela. Era um "lugar decente", conforme exigido pelo bispo, e sem risco de ser atingido pelas enchentes do rio Paraíba do Sul.

As doações foram registradas em nome da santa, prevendo que "a dita Senhora ou seus procuradores"[48] deveriam tomar posse dos terrenos. Aos olhos da lei, o único que podia agir por intermédio de Aparecida era o padre Vilella, presente em todos os atos em que foram lavradas as escrituras. "Margarida Nunes Rangel [...] doou de hoje para sempre à Virgem Maria Nossa Senhora da Conceição, chamada Aparecida, para que no dito morro chamado dos Coqueiros, pela disposição que a dita paragem tem possam fazer a sua nova capela." A dita doadora não assinou o termo de doação porque não sabia escrever.[49]

Quem assinou pela viúva Margarida foi um genro, fazendeiro riquíssimo que acabou sendo contratado pelo padre Vilella para construir a capela. Mas não o capitão Antônio Raposo

Leme, com suas próprias mãos. Foram os escravizados do fazendeiro que construíram a primeira igreja oficialmente dedicada a Nossa Senhora Aparecida. Entre eles, um Manoel, dois Joões, dois Josés, um Domingos, um Elias e um Agostinho, deixados como herança aos filhos quando o fazendeiro morreu, antes do fim da obra, em 1744.[50]

Quando os escravizados terminaram o trabalho, o padre Vilella ainda devia algum dinheiro aos herdeiros do capitão defunto, mas assim mesmo preparou uma grande cerimônia para celebrar o acontecimento. Na véspera, saiu acompanhado do povo em procissão, da capelinha rudimentar feita pelas mãos do povo até a nova Capela de Aparecida, que pouco a pouco iria emprestando nome àquele pedaço da vila. No dia seguinte, 26 de julho de 1745, a igrejinha foi inaugurada com a bênção e a missa do padre que pelos meses seguintes comandaria duas igrejas ao mesmo tempo e, por causa disso, inauguraria a prática de fazer a santinha viajar em procissão anual de uma para a outra, da Capela de Aparecida para a Matriz de Guaratinguetá, pedindo que Deus mandasse chuva para as plantações.

A capela tinha 32 palmos de largura por 76 de comprimento. Aproximadamente sete metros por dezesseis. Era simples, como quase tudo em São Paulo no século XVIII: sem o ouro e sem os tesouros artísticos das igrejas das Minas de Ouro ou do Rio de Janeiro.

Apesar da recomendação expressa do bispo, de que a edificação não podia ser de pau a pique, a santa de barro não escapou de ter uma capela de barro. Os escravizados do capitão Antônio Raposo Leme usavam caixas de madeira e ali socavam a argila

HABEMUS SANTA

com um pilão para formar blocos que eram como grandes tijolos, numa técnica característica de São Paulo nos tempos da colônia, a taipa de pilão. Os maiores luxos da capela eram ornamentos de madeira talhada, os chamados retábulos, em parte pintados de dourado, servindo de fundo para o altar principal. Ali, a futura rainha do Brasil ficaria num nicho que seria sugestivamente chamado de trono.

A capela tinha dois altares laterais. Um para abrigar uma imagem de Sant'Ana, mãe de Maria, outro para um Menino Jesus. Tinha também duas sacristias, e um quarto dos milagres, para guardar os ex-votos, esculturas quase sempre de cera ou madeira, frequentemente representando partes do corpo, deixadas na igreja como forma de agradecimento pelas graças atingidas por intermédio da santinha. Era comum em qualquer igreja brasileira, e continuaria sendo: se a santa intercedesse pelo fiel junto a Deus e o livrasse de um problema de surdez, ele deixava uma orelha de cera ou madeira; se fosse um problema na perna, deixava uma perna; uma forte dor de cabeça, uma cabeça... Os milagres aconteciam com tanta frequência que o quarto ficaria pequeno, e dia após dia os ex-votos deixados pelos fiéis iriam avançar pelos cômodos, a ponto de se espalharem por toda a igreja. Eram tantas as graças alcançadas que chegou um momento em que o bispo resolveu proibir os agradecimentos, digamos, menos nobres: "Proibimos, com pena de culpa ao capelão, que consinta mais pintura alguma em papel. Aceitará as em cera ou madeira."[51]

Debaixo do piso de madeira da capela de Aparecida, guardou-se lugar para os túmulos de seus principais benfeito-

137

res. Entre eles, uma solteirona riquíssima chamada Potência Leite, que fez questão de avisar em seu testamento: "Meu corpo será sepultado na capela de Nossa Senhora Aparecida."[52]

Ainda no ano da inauguração, o padre Vilella registrou num inventário a existência de mais uma imagem: "Outra de Nossa Senhora da Conceição, maior, para ser usada nas procissões."[53] Tinha o dobro da altura da Aparecida original. No inventário de 1745, pelas palavras do padre Vilella, ficamos sabendo que, no momento em que a Igreja Católica reconheceu o culto à santinha de pescoço quebrado, os fiéis já andavam preocupados em fazê-la mais bonita. Ou menos feia, pois desde aquele tempo já seria apropriado concordar com quem diz que beleza não se põe à mesa. Até porque dali por diante ninguém mais veria a santinha em público do jeito que ela veio ao mundo.

O vigário recebeu dos fiéis dois mantos que considerou preciosos, sendo um deles de seda, com rendas e ramos de ouro. Sobre a cabeça miúda, escondendo as duas flores do diadema do barro original, Aparecida passaria a ostentar, dependendo da ocasião, uma das muitas coroas de prata que ganhara de presente. Uma delas era tão rica que colocava gravemente em risco a cola que lhe consertara o pescoço: pesava mais de meio quilo.

O manto e a coroa escondiam a falta de beleza da imagem, e lhe davam um ar de rainha que ela jamais perderia. Da Senhora original só seriam vistos os olhos amendoados e a boca, que, dizem, vive sorrindo. Mas até disso não se verá muito, porque as sombras do manto e o escuro da pele quase não deixarão que se notem as feições rechonchudas da santinha, ainda mais quando o trono dela for subindo mais e mais nas paredes da igreja para poupá-la de afagos exagerados, e até mal-intencionados.

Por enquanto, ninguém precisava curvar muito o pescoço: ela continuava só um pouco acima do altar, e os peregrinos conseguiam até pegá-la na hora em que o padre Vilella dormia. Ele, ou o sucessor dele, que chegou no ano seguinte, porque depois de cumprir sua mais nobre missão nesse mundo material, o padre ainda precisava cuidar da fazenda e dos escravizados que mantinha ali perto. Sem falar que Vilella continuava tomando conta da matriz de Guaratinguetá.[54]

Quando anoitecia, muitos peregrinos que chegavam exaustos depois de tanta viagem a pé, em lombo de cavalo ou de mula, acabavam contando com a camaradagem do vigário ou dos escravizados da igreja. Amarravam os animais no pátio e dormiam dentro da capela. Ficavam tão perto da santinha milagrosa que não resistiam: tiravam Aparecida do trono.

Na escuridão da capela, os peregrinos faziam pequenas procissões. Cantavam. Levantavam a santinha na direção do céu, e assim inauguravam o famoso ato de levantar e beijar a imagem sagrada, em seguida oferecendo Aparecida aos amigos e parentes para que a beijassem também. A intimidade era tanta que, em 1761, um padre visitador, espécie de fiscal encarregado de executar as ordens da Inquisição, baixou uma nova norma: "Havendo-se de dar a oscular [beijar] a soberana imagem, será com a decência devida, tendo primeiro luzes ou velas acesas, estando o sacerdote que assim o fizer com sobrepeliz e estola [duas peças da vestimenta formal dos padres], incensando pri-

IDENTIDADE: APARECIDA

meiro a imagem e fazendo as mais cerimônias em semelhantes atos."[55] Ou seja, era preciso pôr um fim à tradição beijoqueira iniciada na casa de Felipe Pedroso, e depois seguida pelos peregrinos sortudos dos primeiros tempos.

Era inevitável. Com tanta gente vindo do Brasil inteiro para ver Aparecida, os padres começaram a perceber que era urgente protegê-la. Ainda mais porque se tratava de uma imagem frágil, de barro muito fino, com uma cabeça que vivia teimando em desgrudar do corpo. Pouco a pouco, os padres foram se tornando mais cuidadosos. Reforçaram o vidro, colocaram a imagem em lugares mais altos e acabaram tirando a santinha dos braços do povo. Ainda chegaria o dia em que se tomaria uma medida drástica: colocar Aparecida num nicho de ouro à prova de balas, a mais de quatro metros do chão.

Como se sabe, muitas vezes o mistério acaba aumentando o interesse. Ao mesmo tempo em que Aparecida ia se tornando quase inatingível fisicamente, a fé conquistava a elite brasileira e o quilate dos presentes ficava maior. Houve um fiel, um certo Tomé Teixeira, que deixou de herança uma pequena fortuna em nome da santinha. O testamento dele dizia que os padres deveriam aplicar o dinheiro "com bons fiadores abonados"[56] e usar os juros para comprar combustível e acender a lamparina da capela. Deveria ser "azeite doce do Rio de Janeiro, para estar a lâmpada de dia e de noite sempre acesa".

Sempre que precisassem, os padres dariam outras utilidades aos presentes deixados à imagem. Afinal, era preciso manter a casa e a santa em ordem. "O tesoureiro da capela de Nossa

Senhora Aparecida disporá dos cordões grossos de ouro dados à Senhora, por não serem trastes, por sua grossura, que hajam de servir para conserto da imagem da mesma Senhora." Era a ordem de um padre visitador, no fim do século XVIII, antecipando dois problemas que iriam se repetir ao longo dos séculos seguintes: a urgência de colar a cabeça e o pescoço, e a sensação de que o cofre de Aparecida era um saco sem fundo. Pior: sem fundo e sem dono.

TREVAS E REDENÇÃO

TREVAS E REDENÇÃO

Capítulo 18
O século das trevas

Acaba de começar um novo século e Aparecida terá muito pouco a comemorar. Logo, logo vai ser entregue aos ladrões e usurpadores que, por ordem do imperador, colocarão suas mãos inquietas nos cofres sagrados. Mas, apesar dos maus--tratos que a santinha e seu santuário sofrerão, esse novo século será o momento da história em que Aparecida festejará seu primeiro centenário e deixará de ser um fenômeno regional para conquistar o Brasil.

O príncipe regente dom João está prestes a chegar, embora ninguém saiba disso. Mais adiante, o Brasil se tornará independente, vai até deixar de ser monarquia, e tudo isso irá interferir nos assuntos da santinha, mas, por enquanto, o que se sabe é que é preciso contar com muita ajuda divina para sobreviver nessas terras inóspitas.

Num tempo em que só se andava em burro, mula, jumento ou cavalo, as vilas brasileiras mais importantes pareciam muito mais distantes umas das outras do que pareceriam depois da chegada dos carros, até porque as estradas por onde os animais trafegavam eram terríveis. Tão ruins que, em muitos trechos, só passava um de cada vez.

"Se duas tropas se cruzam em semelhantes lugares, é necessário que uma recue, o que continuamente dá lugar a brigas ou ocasiona transtornos perigosos",[1] anotou o pesquisador francês Auguste de Saint-Hilaire no diário de uma de suas expedições.

As tropas que percorriam o Brasil no século XIX eram caravanas com as três raças que estavam formando o país: homens brancos livres, indígenas e negros escravizados. Os mais castigados iam a pé, e a elite da tropa montava no lombo dos animais ou subia em carroças, percorrendo longas distâncias entre florestas, várzeas e vilarejos.

Auguste de Saint-Hilaire ia numa tropa, servido por um mestiço, um indígena adulto e duas crianças guaranis que o ajudavam a catar plantas, insetos e passarinhos, que depois eram enviados para pesquisa científica na França. Hoje, seria biopirataria, mas naquela época ninguém estava preocupado com isso.

Saint-Hilaire escrevia em seus diários, com admirável franqueza, o que encontrava pelo caminho. Por exemplo, sobre os negócios públicos brasileiros.

"O espírito de inveja e intriga, mais veemente do que em qualquer outro lugar, interpõe-se a tudo quanto se faz, tudo perturba, favorece o tratante, e desencoraja o homem honesto."

Em 1822, quando viajava do Rio de Janeiro a Minas Gerais, passando pelo mesmo caminho difícil que foi superado um século antes pelo governador dom Pedro de Almeida Portugal, o francês que tudo observava e anotava percorreu duas vezes o Vale do Paraíba, onde os canaviais pareciam plantações de ouro e Aparecida era quase uma usina de fé.

Justamente porque ficava na beira da estrada mais importante daquele tempo, a capela construída no morro dos Coqueiros para abrigar a santinha se transformou em ponto importantíssimo de parada. Inúmeros tropeiros perambulavam por aquele caminho, levando de porcos a ouro, de escravizados a sacos de açúcar, num vaivém de mercadorias que movimentava o Brasil.

A região de Aparecida ainda fazia parte da vila de Guaratinguetá. E aos olhos de Auguste de Saint-Hilaire, o lugar não era nada convidativo. Depois de observar a geografia da região, o francês descreveu o caminho que percorreu à procura de um teto para passar a noite.

"É neste mesmo largo que desemboca a única rua que vai dar ao rio, margeada pelas mais miseráveis choupanas. Não me pareceu habitada senão por mulheres de má vida. À margem do Paraíba há grande rancho onde a gente pode abrigar-se."

O grande rancho, no entanto, se revelaria um péssimo negócio.

"Apenas encontramos duas miseráveis vendas pertencentes a duas mulheres extremamente pobres", ele anotou. E a *troupe* de Saint-Hilaire dormiu num casebre abandonado. "Ali estamos muito incomodados pelos animais, cachorros e gatos da vizinhança que procuram roubar-nos as provisões."[2]

No domingo, o botânico francês notou que uma multidão foi à missa, inclusive algumas mulheres montadas em animais e desacompanhadas de homens.

"Trajavam, segundo os costumes do país, chapéu de feltro e uma espécie de amazona de pano azul. Raras respondem ao cumprimento que se lhes faz, mantêm-se eretas, não virando a cabeça nem para um lado nem para outro e olham o passante com o 'rabo do olho'."[3]

Saindo do centro de Guaratinguetá, a tropa de Saint-Hilaire subiu o morro e chegou à capela de Aparecida. E ele a observou com distanciamento de cientista.

"A imagem que ali se adora passa por milagrosa e goza de grande reputação, não só na região como nas partes mais longínquas do Brasil. Aqui vem ter gente, dizem, de Minas, Goiás e Bahia cumprir promessas feitas a Nossa Senhora da Aparecida."

As romarias impressionaram também dois naturalistas alemães que passaram por ali. Carl von Martius e Johann Baptist von Spix notaram a chegada apressada dos peregrinos durante uma tempestade na véspera do Natal de 1817, quando se completavam cem anos do encontro de Aparecida nas águas do Paraíba.

Pela narrativa dos alemães no livro *Viagens pelo Brasil*, os peregrinos vinham com chapéu e "poncho azul, com um buraco para a cabeça, casaco e calças de tecido escuro de algodão, botas altas apertadas abaixo do joelho, facão comprido com cabo prateado, que serve como defesa [...] As mulheres usam vestidos de panos largos e compridos e chapéus redondos. Todos os que passavam por nós, montando em mulas, se mostravam excelentes cavaleiros, sobretudo pela pressa com que procuravam fugir da tempestade de trovões que os cercava por todos os lados".[4]

Spix e Martius notaram a simplicidade da capela, no bom estilo alemão, sem meias palavras.

"É parcialmente feita de pedra, adornada com pinturas douradas malfeitas em afrescos, e algumas em óleo."

O francês Saint-Hilaire também não achou a menor graça na capela. Preferiu a vista que se tinha dali.

"A igreja está construída no alto de uma colina, à extremidade de grande praça quadrada e rodeada de casas. Tem duas torres que fazem de campanário, mas seu interior nada apresenta de notável. O que o é realmente vem a ser a vista encantadora desfrutada do alto da colina."[5]

O francês seguiu viagem e, menos de um mês depois, voltou a Aparecida. O relato sobre a rotina confusa da tropa nos leva junto com eles, numa viagem a 1822.

"Como Firmiano haja machucado o pé, o pobre Laruotte cedeu-lhe o cavalo. Chega cansado e como que desarvorado; gira como uma carrapeta vai e volta sem nada fazer, e muitas vezes ainda não começou a mudar suas plantas quando já a noite vem caindo, e Firmiano, a seu turno, aproveita o seu cavalo para tocar os burros tão rapidamente quanto pode. Obriga-os a trotar, o que faz com que eu encontre minhas malas inteiramente desarrumadas. Queixei-me a ele esta noite: 'O senhor pode', respondeu-me, 'procurar melhor tropeiro!'"

Apesar de religioso, e convencido da necessidade de catequizar os três indígenas de sua admirável tropa no estilo Brancaleone, Saint-Hilaire só fez questão de subir o morro para relembrar a vista que se tinha de Aparecida. Não falou mais nada sobre a capela. E, dessa vez, não quis saber de dormir em casebres abandonados.

Passou a noite a poucos metros da santinha, no sobrado de um dos homens mais poderosos da região, o capitão-mor da vila de Guaratinguetá, e também tesoureiro da capela de Aparecida, Jerônimo Francisco Guimarães. O personagem, que será investigado em detalhes mais adiante, foi visto por Saint-Hilaire como educado e desconfiado.

"Perguntou-me polidamente, mas com visível receio, se tinha necessidade de alguma coisa, e só retomou o ar risonho quando soube que eu não tinha outro desejo senão lhe fazer uma visita."[6]

Saint-Hilaire saiu de Aparecida em 20 de abril de 1822.

Cinco meses depois, o príncipe regente dom Pedro I percorreria o mesmo caminho e, pelo que dão conta alguns testemunhos da época, iria à capela e rezaria diante da imagem de barro antes de seguir para São Paulo. Lá, em 7 de setembro, supostamente depois de ter recebido as bênçãos da santinha, dom Pedro I proclamou a Independência do Brasil.

Pouco depois, feito imperador, ele resolveria cuidar pessoalmente de alguns assuntos importantes de Aparecida. E justamente para acabar com os privilégios do capitão Jerônimo.

Era só o começo de um século de trevas para a santinha Aparecida e, de maneira geral, para a Igreja brasileira. O imperador faria valer o direito herdado do velho acordo entre Portugal e o Vaticano para mandar nos bispos como bem entendesse. Deixaria Aparecida praticamente sem padres e sem dinheiro.

Capítulo 19

A santinha dos ovos de ouro

Imagine que o prefeito de uma cidade não se sente satisfeito com o poder que tem e resolve acumular também o cargo de tesoureiro de uma capela. O que se pensaria dele? Religioso? Ganancioso?

Não satisfeito, o tal prefeito, que responde pelo pomposo título de capitão-mor, ainda se candidata ao cargo de recebedor de esmolas. É eleito e reeleito repetidas vezes para tão nobre missão. Pode ter havido fraude nessa eterna reeleição, mas não necessariamente. Votos são coisas que se compram em nossa cidade imaginária. Ou real...

O tal homem que era capitão, tesoureiro e esmoleiro exibia poder e riqueza pela vila de Guaratinguetá. Jerônimo Francisco Guimarães estava tão bem de vida que resolveu comprar uma das maiores mansões da região, a cinco quilômetros do centro da vila, o que na época significava uma respeitável distância. Mas havia um motivo para essa localização incomum.

Convenientemente, a nova moradia do capitão-mor ficava bem ao lado da capela onde diariamente chegavam centenas de fiéis dispostos a deixar aquilo que tinham e o que não tinham para agradecer as graças obtidas por intermédio de Nossa Senhora Aparecida.

Não foi mesmo por acaso que Jerônimo se dispôs a acumular o posto de capitão-mor, equivalente ao de prefeito da vila de Guaratinguetá, e outros dois cargos na capela de Aparecida. Em 1805, quando fez-se um inventário,[7] a diocese encarregada de cuidar da santinha contabilizava terras, casas, vasos sagrados, escravizados e, o mais importante, um cofre que, por mais que o esvaziassem, logo se enchia outra vez.

As doações eram deixadas diariamente pelos muitos romeiros que viajavam só para ver a imagem de barro e por tropeiros que andavam à procura de fortuna nas Minas de Ouro.

Era comum que os viajantes fizessem uma parada na vila de Aparecida para pedir ou agradecer à cada vez mais famosa Senhora. Mas o capitão Jerônimo não era religioso por profissão e só conseguiu aqueles dois cargos que anteriormente caberiam aos padres porque, muito longe dali, bem distante da efervescência do ciclo do ouro que fazia do Brasil uma colônia riquíssima, havia problemas de sobra.

Em Portugal, a rainha estava louca, o principal candidato a rei havia morrido de varíola, e o príncipe regente vivia ameaçado pelo imperador francês Napoleão Bonaparte.

Sem saber como fugir do perigo francês, e sem conseguir resolver a crise financeira de Lisboa, o príncipe regente dom João (que não era rei porque a mãe, apesar de louca e impedida[8] pelos médicos, não havia abdicado da coroa) teve a brilhante ideia de usar seu poder real para se apropriar dos cofres divinos. Dom João resolveu que todo o dinheiro das paróquias de

A SANTINHA DOS OVOS DE OURO

Portugal e de suas colônias, entre elas o Brasil, passaria a ser do próprio rei.

Não foi só por causa de Aparecida, certamente não. Foi, sem dúvida, por causa de todo o dinheiro que surgia como mágica nas igrejas portuguesas e brasileiras que nasceu a Resolução Régia de 19 de outubro de 1800.[9]

A decisão do príncipe regente foi confirmada pela Mesa de Consciência e Ordens de Lisboa, e acatada sem reclamações pelo Vaticano, porque no regime do padroado era o rei de Portugal quem mandava nos padres. E assim, sem que ninguém pudesse impedi-lo, dom João decidiu que a administração de igrejas e capelas seria feita por aqueles que o governo indicasse.

Em Portugal, o príncipe regente dispensou os padres tesoureiros para colocar gente que considerava mais confiável no comando das finanças religiosas: seus próprios amigos e funcionários. Pouco depois, a ordem desembarcou no Brasil, onde se adequou ao estilo que desde então era típico em terras brasileiras, com apadrinhamentos na escolha dos guardiões dos cofres e apropriação indevida de esmolas santas.

Num tempo em que as notícias viajavam sem um milésimo da pressa da internet, passaram-se alguns anos até que o dinheiro de Aparecida fosse considerado fonte de receita pela Fazenda Nacional. Não custa lembrar que o Brasil era uma colônia, e isso significava que a tal Fazenda era o equivalente, hoje, ao Tesouro Nacional... de Portugal. E, desde 1803, o homem que deveria zelar para que o cofre de Aparecida fosse usado em benefício do rei era ele: o capitão-mor Jerônimo Francisco Guimarães.

Em 1805, sem jamais ter pisado em terras brasileiras, o príncipe regente dom João mandou confiscar pela primeira vez as esmolas de Aparecida para uso próprio.

153

Em 1807, amedrontado com a possibilidade de uma invasão das tropas do imperador francês Napoleão Bonaparte, dom João IV começou sua travessia do oceano Atlântico e, em 1808, desembarcou no Rio de Janeiro, com todas as suas excentricidades, burocracias e dívidas.

Em 1809, morando no Rio de Janeiro, mandou ordens para que Jerônimo raspasse o cofre de Aparecida, e usou o dinheiro para amortizar as dívidas de sua família cada vez mais empobrecida.

Quando se diz mandou é porque a ordem saiu da própria pena do rei e foi inequívoca: era para que levassem até suas mãos tudo que houvesse no cofre da santa. Mas, aparentemente, nem o dinheiro de cem santinhas seria suficiente para pagar aos ingleses pelo inestimável favor de garantir a segurança da corte na travessia entre Lisboa e Rio de Janeiro. E o rei já havia cuidado disso. Seis dias depois de pisar no Brasil, dom João determinara a famosa Abertura dos Portos, baixando drasticamente os impostos aos britânicos e facilitando a entrada de navios em que chegavam para fazer comércio.

Os registros históricos confirmam que ao menos nessas duas ocasiões, em 1805 e 1809, a limpeza do cofre de Aparecida foi ordenada diretamente por dom João. Mas, ao longo dos 85 anos em que os representantes do império tomaram conta do dinheiro santo, eles se encarregaram de só deixar aos padres de Aparecida o mínimo necessário para a manutenção da igreja e dos prédios religiosos. O que fosse além disso, pelo menos em teoria, era do Reino de Portugal.

Em teoria porque, muitas vezes, a esmola não ia diretamente para dom João ou para pagar obras públicas no Brasil. Frequentemente, o dinheiro forrava os bolsos de ladrões oficiais e nem entrava na contabilidade pública.

A realidade é muito mais cheia de minúcias do que se pode imaginar. E os tesoureiros de Aparecida conseguiam enganar ao mesmo tempo a santa e o rei. Um truque tão mesquinho quanto frequente era bloquear a boca da caixinha de doações, obrigando os romeiros a deixar o dinheiro à vista para que, em seguida, um funcionário da capela guardasse tudo no próprio bolso. E isso apesar de que a caixinha estivesse, como está até hoje, aos pés de Aparecida. Roubavam a santa na frente da santa!

Mas o roubo era muito maior e mais descarado.

A tal ponto que, no século XX, quando foi organizar os documentos históricos da Cúria Metropolitana de Aparecida, o padre Júlio Brustoloni resolveu abrir uma pasta intitulada "Tesoureiros desonestos" e outro "Tesoureiros: política partidária nomeia".

Foi por ordem de um juiz que os padres se viram obrigados a nomear para o cargo de tesoureiro do cofre da capela e da irmandade o homem que era a maior autoridade da vila de Guaratinguetá, o famoso capitão Jerônimo, que era tesoureiro, recebedor de esmolas e administrador de todos os bens da capela.

Por mais de vinte anos, o capitão Jerônimo tomou conta da tesouraria de Aparecida e fez com o dinheiro dela o que bem entendeu. O homem que gostava de receber os visitantes ilustres em seu belíssimo sobrado só largou o cofre depois da Independência do Brasil. Ainda assim, foi preciso que duas ordens saíssem diretamente da pena do recém-coroado imperador.

Dezoito dias antes de proclamar a Independência, em 20 de agosto de 1822, o ainda príncipe regente dom Pedro pernoitou em Guaratinguetá.

Era uma breve escala da viagem que começara no Rio de Janeiro e entraria para a história com o famoso grito "Independência ou morte!" às margens do rio Ipiranga, em São Paulo. Mas antes de gritar (se é que deu mesmo esse grito, pois há historiador que duvide), dom Pedro teria ido até a capela, se ajoelhado diante da imagem e pedido que Aparecida olhasse por ele e pelo Brasil. Afinal, naquele momento, a colônia ainda dependia do desembaraço de alguns terríveis nós políticos para se tornar independente de Portugal.

A informação sobre essa visita a Aparecida está em diversos textos sobre a época, mas não há nenhuma fonte que nos permita afirmar categoricamente se, de fato, dom Pedro esteve frente a frente com a santinha.

Pouco depois da visita a Guaratinguetá, o imperador passou a preencher cargos de confiança com pessoas próximas a ele. E isso interferia também nos assuntos da santinha que, dizem, o ajudou a conseguir apoio dos paulistas para a Independência.

Em janeiro de 1824, o imperador assinou uma provisão exigindo a demissão do tesoureiro Jerônimo. Os motivos não são bem claros. Talvez porque precisasse do cargo para algum aliado, ou simplesmente porque o capitão já havia passado da conta na roubalheira.

Mas nem a pena do imperador resolveu.

O homem estava tão apegado que não largava a santinha de jeito nenhum. Mesmo deixando o cargo de tesoureiro, o capitão-mor continuou com as mãos no dinheiro santo, porque acabava de ser reeleito recebedor de esmolas de Aparecida.

Seis meses depois, dom Pedro baixou mais uma ordem para, dessa vez, anular a reeleição de Jerônimo para o sugestivo cargo. Mas, coisas do Império, o todo-poderoso capitão só parou de controlar as esmolas um ano e meio depois. Foi quando o obrigaram a vender o belíssimo sobrado onde morava para pagar os empréstimos tomados compulsoriamente do cofre da santa.

Em 1844, criou-se a Mesa Administrativa dos Bens e Esmolas de Nossa Senhora d'Apparecida, acabando de vez com os cargos de procurador, ermitão e, adeus Jerônimos!, recebedores de esmolas. A tal mesa era composta de um tesoureiro e um escrivão, indicados por apadrinhamento político, e um padre tão desrespeitado que costumava assinar as decisões da mesa com seu nome seguido de duas palavras tão desanimadas quanto reveladoras: voto vencido.

Ao longo de quarenta anos, até 1884, a Mesa Administrativa de Aparecida teve nada menos que 25 tesoureiros, nove dos quais não passaram mais que alguns poucos meses no cargo. A valiosa pesquisa que nos permite falar com tanta propriedade sobre os tesoureiros precisa ser devidamente creditada ao padre historiador, que, por seu trabalho incansável, merece papel de destaque também como personagem da história que estamos contando. Sem o padre Júlio Brustoloni, que foi viver entre livros, documentos e uma réplica da imagem de Aparecida num retiro no município de Potim, em São Paulo, a farra dos cofres da santa, muito provavelmente, continuaria cifrada em pilhas de documentos e arquivos.

Em seu livro *História de Nossa Senhora da Conceição Aparecida*, o padre Júlio conta que a capela de Aparecida "passou a ser administrada como qualquer outro departamento do governo provincial [estadual], e sujeita à política partidária". Anos antes, quando organizou os arquivos da Cúria Metropolitana de Aparecida, padre Julinho, como é conhecido pelos amigos, separou na pasta "Tesoureiros desonestos" o texto de outro personagem marcante da história de Aparecida: o cônego Joaquim do Monte Carmelo.

Nas dez páginas que dedicou à roubalheira dos cofres da santinha, numa carta a um senador da província de São Paulo, Joaquim do Monte Carmelo, o dom Carmelo, relata em detalhes o modo descarado como a diocese foi transformada em fonte de renda para amigos do governo imperial, juízes e políticos inescrupulosos.

"A lei por que se rege atualmente a capela de Aparecida abre a porta aos maiores abusos. Por esta lei, o juiz provedor de capelas e resíduos torna-se o árbitro de Aparecida. Sem que ninguém lhe possa tomar contas, nomeia ele ou demite o escrivão e o tesoureiro da capela quando bem lhe parece."

E, assim, dom Carmelo conta um caso em que "um certo político influente de Guaratinguetá se achegou ao juiz e lhe disse: 'Tenho um devedor de três contos e tantos, sem meio algum de m'os pagar; se o senhor não o fizer tesoureiro da capela, mudarei incontinenti de partido'".

Por mais absurdo que pareça, era isso mesmo: o tal político ameaçava trocar de partido se não dessem a um certo Joaquim Carlos Fragoso o cargo que lhe permitiria roubar o suficiente para pagar o que lhe devia.

E assim foi.

Dom Carmelo conta que Fragoso pintava e bordava à custa da santinha. Mandou desviar a água que custara uma fortuna ao santuário e, com o dinheiro das esmolas, pagava pelos encanamentos que levavam a água à casa de amigos e outras pessoas de seu interesse. Dom Carmelo dizia que tudo era para conseguir votos para aquele tal político que o havia conduzido ao cargo.

Enquanto ia com suas chinelas abrir o nicho onde se guardava a santinha para mostrá-la a seus amigos, o tesoureiro Fragoso pisava na fé dos brasileiros. Retirava os ex-votos de cera que os romeiros colocavam no altar para agradecer alguma graça alcançada pela intercessão da santa e os vendia aos comerciantes locais, para que fossem revendidos aos próximos romeiros que desembarcassem na vila.

Descobriram-se as falcatruas, demitiu-se Fragoso, e as receitas da capela, de um dia para o outro, se multiplicaram. Mas, logo em seguida, o fragoroso tesoureiro voltou com tudo. Por ordem de um juiz, foi reconduzido ao cargo e à roubalheira. E, num artigo publicado em 8 de janeiro de 1884, no jornal *Correio Paulistano*, o palavroso dom Carmelo escreveu que, além de pagar o que devia ao grande senhor de Guaratinguetá, o tesoureiro Fragoso acumulou uma pequena fortuna pessoal.

"O actual tesoureiro da capela da Aparecida, que até bem pouco tempo vivera sempre em condições dificílimas [melhorou] imensamente de fortuna. Já ninguém o vê de chinelas e com os cotovelos do paletó esburacados."[10]

Antes de Fragoso, naquele mesmo fim do século XIX, foi tesoureiro um certo Antônio Theodósio, que "não se contentava em furtar só de dia [...] mas que [comparsas] iam alta noite à casa do tesoureiro para transportar para a sua toda a cera [dos ex-votos] que ali encontrava". Quando Theodósio foi demitido, já não era mais um humilde professor.

"Antônio Theodósio não era abastado, vivia a ensinar meninos, não obstante, apenas o nomeiam tesoureiro de Apparecida, cujos cofres definhavam de dia para dia, teve já dinheiro para dar a prêmio [emprestar a juros], ostentando-se capitalista."

As acusações são todas feitas por um homem que passou a vida defendendo a ética, sobre o qual temos as melhores referências. Um homem de quem não se tem nenhum motivo para duvidar. Mas ressalte-se que a distância de mais de um século não nos permite cumprir as regras da boa investigação e ouvir dos acusados as defesas que eles, se não estivessem mortos, fariam questão de apresentar.

"O que se faz dos dinheiros da capela, faz-se das casas onde se devem recolher os romeiros", seguia dizendo dom Carmelo. "Quase todas estão convertidas em propriedades dos amigos do tesoureiro, que as dá a quem bem lhe parece, de sorte que os romeiros não têm onde entrar, eles que enchem os cofres de Nossa Senhora!"

O baiano incendiado não poupa nem os colegas de batina. Aliás, arrebenta com eles: "A tal ponto tem chegado o descaramento desses padres que chegam a dar-se por capelães dos romeiros e nessa qualidade recebem destes valores para [supostamente] dar ao tesoureiro e ficam com eles."

Depois de chamar os tais padres de ladrões, o cônego conclui: "Todas essas imoralidades e mil outras que se dão em Apparecida prendem-se ao grande princípio que ali domina: o mundo é de quem mais goza!"

Anos antes dessas denúncias, em 1878, numa rara exceção, encarnando um daqueles dom-quixotes que de vez em quando aparecem na história brasileira, surgira um tal juiz José de

A SANTINHA DOS OVOS DE OURO

Barros Franco, que nomeou um novo tesoureiro com a missão de afastar os corruptos e guardar dinheiro para retomar a obra da nova igreja de Aparecida. Barros Franco chegou a Aparecida na mesma época que dom Carmelo.

Mas, provavelmente num sinal de sua honestidade, o tesoureiro Inácio de Loiola Freire não durou mais que um ano no cargo. E a situação se agravou tanto, ficou tão descarada, que surgiu na Assembleia Provincial de São Paulo a proposta de um decreto-lei para sanear a administração de Aparecida. Quem comandava o movimento era o deputado provincial José Vicente de Azevedo, muito bem informado pela carta do cônego dom Carmelo.

Um dos maiores escândalos era o fato de que a diocese recebia em doações a fortuna anual de quarenta contos de réis e não tinha mais do que dois contos de poupança. E a obra da nova igreja estava parada havia quinze anos porque os tesoureiros alegavam falta de recursos. Mas quem era, afinal, o cônego Joaquim do Monte Carmelo?

161

Capítulo 20

O cônego, os bispos e o imperador

Pense num homem alto, de cabelos ralos e costeletas enormes. Figura imponente, mas ao mesmo tempo de voz pausada e trêmula e, pela descrição dos contemporâneos, um homem dramático, como se as lágrimas sempre lhe estivessem prestes a cair.[11] Apesar da doçura, uma personalidade fortíssima, sujeita a trovoadas.

O padre que assumiu sozinho a missão de enfrentar os corruptos e retomar as complicadas obras da basílica de Aparecida era tão encrenqueiro que, quando chegou por aquelas bandas, estava proibido até de rezar. Era um baiano arretado que, com o passar dos anos, ainda que seus direitos de padre estivessem suspensos, viu sua batina ficar surrada e remendada de tanto rodar o Brasil.

Defendia a ética, mostrava-se irritado com a invasão de padres estrangeiros nos mosteiros brasileiros e lutava com quem quer que fosse pelo que achava certo. O cônego Joaquim do Monte Carmelo foi personagem importante de uma época em que a religião oficial brasileira enfrentava um terrível abandono e uma série de abusos por parte do governo imperial.

Ainda jovem, quando entrou para o mosteiro de São Bento, em Salvador, Joaquim trocou o sobrenome da família Santos por Monte Carmelo, em homenagem a Nossa Senhora de Monte Carmelo. Virou dom Joaquim do Monte Carmelo.

Mas não durou muito no mosteiro, nem em lugar nenhum. De tempos em tempos, arrumava confusão com os superiores e saía em busca de outra paróquia, quase sempre porque seus escritos publicados em livros e jornais desafiavam a doutrina da Igreja e incomodavam os bispos. O religioso tinha a língua tão solta que não perdoou nem mesmo o imperador, quando os dois ficaram frente a frente no mosteiro de São Bento.[12] Dom Carmelo criticou o imperador, mas este, por incrível que pareça, não se irritou com o padre.

Ao contrário.

Em 1843, dom Carmelo escreveu uma carta a dom Pedro II pedindo, e conseguindo, permissão para levar uma vida mais livre. Queria ter o direito de possuir bens, receber salário e viver em sua própria casa, longe das comunidades religiosas, como padre secular – uma espécie de padre autônomo, que não estava ligado a nenhuma ordem. Pouco depois, foi condecorado Cavaleiro da Ordem de Cristo pelo mesmo imperador. Virou defensor da monarquia.

Anos mais tarde, depois de mais uma briga, dom Carmelo chegou a São Paulo e obteve o cargo de cônego na Catedral da Sé. Era uma espécie de padre assalariado, que cobrava bom dinheiro pelas missas que rezava em outras paróquias e pelos famosos sermões. Levava uma vida agitada na capital paulista, muito inserido nas atividades sociais, vivendo na chácara que comprara às margens do rio Tamanduateí. Sempre opinando sobre as questões políticas do Brasil. Para os bispos que mandavam na Igreja, até demais.

Na famosa Questão Religiosa – uma terrível disputa de poder entre os bispos e a maçonaria brasileira que apoiava o imperador –, dom Carmelo ficou contra a Igreja. Criticou publicamente dois bispos poderosos, o de Olinda e o do Pará, por desafiarem a monarquia. Defendeu o regime do padroado que dava ao imperador o direito de decidir sobre os rumos da Igreja sem consultar os bispos ou mesmo o Vaticano. Não foi exatamente por causa das críticas de dom Carmelo, mas os dois bispos foram presos, condenados a fazer trabalhos forçados. E o baiano de língua solta foi, mais uma vez, suspenso.

Quando resolveu discutir o assunto asperamente com o bispo de São Paulo em plena missa de Natal, na catedral da Sé, a coisa ficou feia de vez para dom Carmelo. Não sabemos exatamente os detalhes da conversa. O bispo se irritou, repreendeu o povo pela reação barulhenta, cancelou a missa e demitiu o cônego. Por causa do desacato ao poderoso dom Antonio Joaquim de Melo, e também pelos textos que escrevia, falando sobre casamento, monarquia e outras polêmicas, em 1876, dom Carmelo foi suspenso, proibido de integrar o corpo religioso de qualquer igreja e, o mais doloroso para ele, impedido de rezar missas. Pouco depois, pôs a mão no que tinha e, não se sabe se já com alguma ideia na cabeça, foi de mudança para Guaratinguetá. É justamente aí que o baiano arretado vai fazer um sarapatel.

Capítulo 21
A basílica do baiano arretado

A torre da capela construída mais de um século antes ameaçava desabar a qualquer momento na cabeça dos fiéis. E os funcionários do imperador, aqueles que mandavam nos cofres de Aparecida, resolveram liberar o dinheiro para que os padres colocassem a velha torre abaixo e construíssem outra no lugar.

Era 1844. A pedreira que havia perto de Aparecida foi reativada, e um tal padre Francisco mandou seus escravizados pegarem o carro de bois para carregar as pedras que serviriam para fazer a torre e também uma nova fachada.

Era 1845. O mestre de obras Zé Mello começou a obra e dez anos depois ainda não tinha terminado a torre.[13] O mestre Zé Pinto assumiu a missão, passaram-se mais quatro anos e a torre finalmente ficou pronta.

Era, então, 1859. O mestre João Júlio foi contratado para colocar uma esfera metálica no alto da torre. Em cima dela, um galo. Em cima do galo, uma cruz. E, então, a torre estava pronta.

Ainda faltava reformar a segunda torre. E as reclamações eram tantas que os administradores resolveram desviar um pouco menos as doações que os fiéis deixavam para a santinha e liberar o dinheiro para a construção.

Quatro anos depois, o mesmo João Júlio colocou mais uma esfera, mais um galo e mais uma cruz para completar a segunda torre.

Não era mais a capelinha do padre Vilella, construída em 1745, mas ainda estava longe de ser a nova igreja, aquela que os padres sonhavam construir para acompanhar o aumento impressionante no número de romeiros e outros visitantes, principalmente agora que o Vale do Paraíba era um dos lugares mais ricos do Brasil. Ainda mais depois de 1877, quando seria inaugurada uma estação ferroviária a menos de um quilômetro da igreja.

Era um projeto inacabado, e a capela corria sério risco de desabar. A santinha vivia, agora, numa igreja reformada pela metade, que ficou assim por mais catorze anos quando enfim completaram a segunda torre, até que o baiano chegou.

Quando dom Carmelo subiu o morro dos Coqueiros pela primeira vez, a província de São Paulo vivia uma epidemia de lepra, e Nossa Senhora Aparecida vinha sendo considerada responsável pela cura de muitos doentes que subiam aquela mesma ladeira para pedir ajuda.[14] Diziam que era melhor construir um hospital para os leprosos do que uma nova igreja. Mas dom Carmelo só pensava em tijolos, madeira, mármore, santos e retábulos.

Fez um projeto, um orçamento, e se ofereceu como empreiteiro. O mais estranho nisso tudo foi que, "em vista do estado em que se acha a mesma capela, necessitando o quanto antes de reparo", o tesoureiro, o escrivão e o vigário aceitaram a proposta do empreiteiro de primeira viagem que trazia com ele uma terrível fama de encrenqueiro. Dom Carmelo não podia rezar missa, mas tinha emprego na paróquia mais famosa do Brasil. E foi só as obras começarem, em 1878, para acabar a paz daqueles que mandavam em Aparecida.

Acabou a paz, começou a era do requinte. O homem que assinava suas cartas como "empreiteiro" era doutor em teologia, estudou filosofia e retórica, conhecia arte, tinha estudado em Roma, viajado pela Europa, importado um órgão de primeira categoria e partituras musicais para igrejas de São Paulo, e queria fazer uma igreja impressionante em Aparecida. Nas palavras dele, "com mármore finíssimo e lindamente lavrado" na capela-mor e "mármore artificial estrangeiro em todo o pavimento das naves".

Dom Carmelo logo percebeu que, do jeito que a obra havia sido conduzida pelos empreiteiros que o antecederam, a igreja ia ficar mais torta que a Torre de Pisa. Era preciso aumentar a capela-mor para que ficasse proporcional ao corpo, "sob pena de ficar defeituosíssima". E como o cônego sabia com quem estava lidando, terminava suas propostas arquitetônicas grandiosas deixando claro que tudo deveria ser pago em determinado número de prestações, "todas vencendo a juros de 8%" do que ainda fosse devido.

Animado com a aceitação de tudo aquilo que propunha, encaixou no orçamento a encomenda de dois púlpitos talhados em cedro e seis imagens que seriam confeccionadas por um artesão da Bahia. Em lugar de destaque ficariam são Joaquim, são José, santa Isabel e são João Batista. Nas palavras do empreiteiro, "o progenitor, o esposo, a prima e o sobrinho de tão excelsa criatura".

Com o passar do tempo, o dinheiro repassado à obra foi diminuindo outra vez. Dom Carmelo não recebia nem a metade do que havia sido combinado e começou a pagar as contas da igreja com o próprio dinheiro. Usou, por exemplo, a pequena fortuna que guardou quando vendeu sua chácara no Tamanduateí para o governo da província. E, se tivesse mais, teria dado mais.

Dom Carmelo sabia que jamais veria seu dinheiro de volta. E, assim mesmo, se oferecia para trabalhar de graça. Iria usar o material de demolição da igreja velha para construir seis casas para os romeiros, para evitar que os fiéis pagassem "fabulosos preços pelas péssimas cazas [sic] que alugam durante o tempo de suas piedosas romarias".

Mais uma vez, os administradores de Aparecida aprovaram tudo. Até o trabalho gratuito oferecido pelo cônego. Depois, em 1880, dom Carmelo decidiu construir mais uma sala, porque achava importante abrir dentro da igreja uma escola pública para as crianças de Aparecida. Preocupava-se muito com a criação de um lugar específico para os fiéis deixarem seus ex-votos, agradecimentos pelas graças recebidas, no que chamou de sala dos milagres. E sempre, sempre, pensava grande. Queria que o retábulo, o painel que ficaria na parede do altar da capela-mor, fosse em formato de coroa e todo feito em mármore italiano. Prometia entregar tudo no fim de 1881.

Mas só o altar de mármore demoraria quase três anos para chegar da Itália. Sem dinheiro para pagar os custos alfandegários e retirá-lo no porto do Rio de Janeiro, dom Carmelo pediu uma pequena fortuna emprestada a um amigo comerciante.

Ninguém sabe exatamente o que levava o padre empreiteiro a arrumar tanta encrenca em nome de uma obra que, ao que parecia, somente ele se importava em terminar. Pelos orçamentos, pelas propostas e pelas cartas que ele escrevia, podia-se perceber a paixão e a determinação de levar até o fim aquele projeto que andou aos trancos e barrancos por mais de trinta anos até que ele assumisse o trabalho. Pelas manhãs, quando visitava a obra, dom Carmelo costumava andar pela igreja batendo seu bastão pelos cantos, apontando os defeitos aos operários, exigindo a perfeição que sempre exigira de tudo e de todos. E assim, fiscalizando, tendo novas ideias e brigando por elas, passava o dia. Até que finalmente conseguia descansar em seu quartinho na rua da Calçada, a própria rua da basílica, que mais tarde seria rebatizada como rua Monte Carmelo.

Apesar dos sacrifícios pessoais, dom Carmelo achava que "corriam as cousas pacificamente e na maior harmonia"[15] até que resolveram mudar mais uma vez o juiz de Aparecida, e o poderoso da vez nomeou um tesoureiro que não simpatizava com a obra.

O tesoureiro Bento Barbosa Ortiz se apropriava do dinheiro do cofre e não repassava as parcelas quinzenais ao empreiteiro Joaquim do Monte Carmelo, que foi obrigado a interromper os trabalhos. Até que, em 1883, mais um tesoureiro desonesto foi afastado do cargo e dom Carmelo voltou, exigindo uma auditoria para comprovar tudo o que tinha feito e gasto até então.

Quando a obra estava prestes a completar quarenta anos, foi retomada outra vez. Mas apenas por alguns meses. Surgiu em cena mais um juiz municipal, um certo Luiz Gonzaga, que, pelo relato de dom Carmelo, rescindiu o contrato "sem audiência nem citação do interessado". Dom Carmelo perdeu o emprego e ainda foi obrigado a pagar os custos que os cofres públicos tiveram com aquele processo.

Mais uma vez, a obra da igreja parava, enquanto o que sobrava da igreja velha ia sendo devorado pelas traças. A situação era tão grave que o jornal *Correio Paulistano* dedicou dois artigos ao assunto. No primeiro deles, o "Boletim do Dia" elogiava a nova fachada do templo, construída por dom Carmelo, mas fazia críticas ácidas à situação terrível que se via lá dentro.

"Toalhas carcomidas, paredes cobertas de poeira, bem como os paramentos dos altares dourados enegrecidos pelas irreverentes dejeções das moscas, tudo revella um reprehensível descuido."

E a crítica se torna ainda mais acentuada, atingindo em cheio o orgulho de dom Carmelo. "A santa mal se pode ver através de uma grossa camada que a negligência ali deixou acumular-se", escreve o jornalista, que acusa os administradores do templo de "exploração permanente dos devotos".

A ira de dom Carmelo demorou só dois dias para aparecer numa carta-resposta, publicada pelo mesmo jornal. "O ilustre autor do 'Boletim' que nos parece ter visitado há pouco", escreve o frei irritado, "depois de deixar as velhas e empoeiradas paredes que tanto o escandalizaram, devia ter visitado as obras que as rodeiam."

Dom Carmelo presta contas de sua obra gigantesca, explica cada detalhe do que já foi e ainda vai ser feito, mas, no final, concorda com o jornalista, dizendo que a antiga igreja está "tão infelizmente voltada ao desmazelo, para não dizer impiedade de seus zeladores".

Os zeladores a quem dom Carmelo se referia eram os integrantes da Mesa Administrativa de Aparecida: o tesoureiro e o escrivão, indicados pelos juízes que ele tanto detestava. O padre que completava a mesa, como sabemos, era mero figurante, o tal do "voto vencido".

O empreiteiro aproveita o espaço no jornal para explicar que a santa vai ter que ficar num altar lateral até que se conclua a obra. E bota a boca no trombone. Diz que, quando ele começou o trabalho, em tempos muito melhores, os juízes que autorizaram as primeiras etapas da obra pediam para que não poupasse "sacrifício nem despeza para construir um templo que corresponda à extraordinária afluência de devotos que desta província, das de Minas, Rio de Janeiro, Paraná e outras comparecem aqui todos os dias".

Agora, porém, o cenário era outro, denunciava dom Carmelo: "As esmolas trazidas pelos romeiros à Nossa Senhora Apparecida decressem a olhos vistos! O desmazelo e a repugnante imundície em que jaz a velha egreja da Senhora é tal como bem a descreveu o ilustre redator do 'Boletim do Dia' do *Correio Paulistano*!"

Ao concluir a resposta, o empreiteiro obstinado demonstra sua descrença nas instituições brasileiras: "A política em nosso desgraçado paiz tem de tal sorte estragado os homens que os leva a constituírem cegos instrumentos de paixões alheias."

Enquanto prometia voltar às páginas do jornal com novas denúncias, dom Carmelo corria atrás do prejuízo. Contratou um advogado e entrou com processo na justiça de São Paulo, pedindo o dinheiro que lhe deviam e o direito de continuar as obras.

Dom Carmelo enfrentaria dois anos de espera, mas nunca ficaria parado. Enquanto a Justiça se decidia, dom Carmelo consumia todo o dinheiro que um dia tivera e contraía ainda "grandes empenhos com os negociantes e artistas do Rio de Janeiro". E o padre que não podia rezar missa continuava tocando a obra lentamente. Pediu ajuda financeira a um grupo de freiras. Contou com o empréstimo de um amigo e ainda com uma bela doação de "três irmãs, velhas solteironas fazendeiras em São Paulo".[16]

No começo de 1886, dom Carmelo recebeu a grande notícia: ganhara o processo na justiça de São Paulo. Ele recebeu todo o dinheiro devido e conseguiu, finalmente, retomar a obra com carga total.

A última etapa, no entanto, era a mais delicada. Era preciso demolir o que tinha sobrado da nave principal da igreja velha, onde até então estava a santinha. E muita gente não gostou do que viu: Aparecida passou dois anos num altar lateral, esperando sua nova casa.

Em 1888, depois de 43 anos de obras, roubalheira e discussões acaloradas, estava pronta a basílica de dom Carmelo. Era a primeira igreja que não fazia feio diante da importância da escultura milagrosa que, muito em breve, se tornaria uma paixão nacional.

A igreja nova, que hoje conhecemos como basílica velha, era uma obra relativamente simples, mas bonita. Não condizia com as somas impressionantes em dinheiro e as joias deixadas diariamente pelos fiéis da santinha, não era nenhum palácio de fé, não tinha nada do ouro e da prata das igrejas do Rio de Janeiro ou de Minas Gerais, mas era na medida que a corrupção permitira: dezenove metros de largura por quarenta de profundidade, sólida, com tijolos, pedras, madeira boa e, como dom Carmelo fazia questão, com muito mármore.

Capítulo 22

Reparação

O século das trevas em Aparecida não chegaria a durar cem anos. Terminaria em 15 de novembro de 1889 com a Proclamação da República. E não porque os governos republicanos seriam melhores ou menos corruptos, mas porque deixariam os padres tomar conta das igrejas e de suas santas sem a interferência política e interesseira dos tempos do império.

O Brasil estava fervendo, o imperador andava na corda bamba, e a luz de uma República já aparecia no fim do caminho. Quando a monarquia acabasse, o Estado se separaria da Igreja, os amigos do imperador não poderiam mais fazer farra com os cofres santos e finalmente as doações volumosas que chegavam diariamente a Aparecida poderiam ser usadas para reanimar a fé católica, que andava em péssimos lençóis.

Assim, a santinha ganharia fôlego para se tornar rainha e padroeira dos brasileiros. Mas, ainda estamos em 1888, a República só chegaria no ano seguinte e ainda é preciso inaugurar a igreja.

Os preparativos começaram com a antecedência que se espera de um momento histórico. Como a obra havia sido finalizada em janeiro, não seria possível esperar quase um ano para fazer a festa na data em que se gostaria, 8 de dezembro, quando se comemorava o dia de Nossa Senhora.

Para garantir a presença da maior autoridade religiosa da região, era preciso acompanhar a agenda do bispo de São Paulo, dom Lino Rodrigues de Carvalho, que só poderia estar lá entre 22 e 25 de junho. Já no fim de fevereiro começaram os preparativos para a festa.

Um padre costureiro foi chamado para consertar as roupas dos padres de Aparecida para que estivessem alinhados diante dos visitantes. Outro padre foi contratado para tocar órgão nas muitas missas que aconteceriam durante os quatro dias de festejos. Contrataram-se também bufê, banda e orquestra. E mandou-se dar banho de ouro nos castiçais e em outros objetos que seriam usados na missa. Mas faltava dinheiro. E foi preciso pedir autorização do juiz municipal para um empréstimo de emergência.

Àquela altura, a estação ferroviária Aparecida do Norte já estava pronta, e na manhã da sexta-feira, 22 de junho de 1888, os primeiros convidados desembarcaram do trem. Entre eles estava o bispo dom Lino, que, para quem não juntou os burros e os nomes, era o mesmo que havia perdido a paciência com dom Carmelo no dia de Natal. O mesmo que, doze anos antes, proibira o padre de rezar missas. O bispo e a comitiva que chegava com ele terminaram o trajeto em cima de cavalos.

Ao meio-dia do sábado, dom Lino benzeu a nova igreja e os seis santos de madeira que acabavam de chegar da Bahia. Às cinco da tarde, depois de dois anos vivendo num altar lateral, esperando pelo fim da confusão das obras, a imagem de barro foi trazida em procissão. No linguajar dos padres, Aparecida foi "entronizada" diante do povo que cantava e rezava, até que chegou a seu novo nicho. Ficava a 2,20 metros de altura, no altar de mármore que dom Carmelo tinha mandado fazer na Itália, o mesmo altar de onde a santinha seria arrancada antes de ser destruída noventa anos depois.

No dia seguinte, pela manhã, dom Lino rezou a primeira missa. Muitos padres importantes disseram algumas palavras, e a festa seguiu até a noite, embalada por música e fogos de artifício. Até então, nada de dom Carmelo.

Será que o empreiteiro que dedicara doze anos de sua vida para construir aquele templo não teria sequer um minuto de glória? Continuaria marginalizado pelo desacato que o levara à expulsão da catedral da Sé em 1876 e o fizera abandonar tudo para recomeçar a vida em Aparecida?

O fim dessa história é do jeito que você gostaria. Imagine o padre alto, com sua quase careca, costeletas grossas, anéis nos dedos e batina surrada, acanhado num dos cantos da igreja que guardava suas impressões digitais em cada coluna. Dom Carmelo era polêmico, contestador, mas naquele dia, diante do bispo que o proibira até de rezar missa, estava silencioso. Possivelmente, ainda magoado, porque cinco anos antes havia escrito uma carta a dom Lino pedindo permissão para rezar apenas para outros padres, no oratório particular do convento em Aparecida, e o bispo respondera que não.

Mas as coisas estavam mudando.

O cônego Joaquim do Monte Carmelo, como era chamado oficialmente, tinha se tornado um dos nomes mais importantes da história de Aparecida. Havia lutado contra os tesoureiros impostos pelo imperador e arrancado deles dinheiro e permissão para construir uma igreja que fizesse jus à importância da santinha. Brigara por isso até na justiça. E, mesmo tendo ganhado o processo, estava outra vez sem um centavo por ter gastado o que tinha e o que não tinha naquela obra que antes dele ficara 32 anos atolada na lama da corrupção e da inércia.

As brigas, e principalmente os motivos para que elas se desenrolassem, haviam ficado no passado. O Brasil já estava quase livre da monarquia que os bispos tanto detestavam, dom Carmelo não se metia mais em política, e dom Lino não tinha mais motivo para escondê-lo da imprensa.

Às seis da tarde daquele domingo, com autorização emitida diretamente pelo bispo dom Lino, o cônego dom Carmelo subiu ao altar da igreja que construíra e, depois de mais de uma década em silêncio, fez ecoar pela igreja sua voz trêmula e pausada, mas ainda assim vibrante e carregada de beleza.

Rezou, finalmente, uma missa. Uma missa inesquecível.

Quem sabia de quem se tratava, e quase todos ali sabiam, não teve nem motivo para guardar as lágrimas. No fim da cerimônia, dom Carmelo chorou, abraçou padres e fiéis, um por um, muitos deles chorando de alegria.

Quatro dias depois, o capelão de Aparecida se demitiu e a Mesa Administrativa mandou uma carta a dom Lino com um pedido que já não era mais surpresa.

"Esta Meza apresenta a Vossa Excelência o nome do reverendíssimo cônego doutor Joaquim do Monte Carmelo para ocupar esse cargo, julga ser o mais apto para conservar a beleza do templo que construiu com tanto esmero e dedicação."

Apesar de gesto tão nobre, algum tempo depois, como se sua missão nesta vida estivesse cumprida, dom Carmelo arrumou as malas e voltou para casa. Foi ser monge outra vez no mosteiro de São Bento, em Salvador. E ali morreu, em 1899, esquecido, aos 81 anos.

Mais de cem anos depois, coisas da vida, há quem diga que dom Carmelo continua entre nós. Dois videntes do interior de São Paulo, em dois cultos diferentes que não podem ser definidos exatamente como católicos, afirmam que estariam se comunicando com o espírito de Monte Carmelo, o construtor da basílica velha.

Para eles, são Joaquim.

Capítulo 23

Separação

Menos de dois meses depois da Proclamação da República, ainda num governo provisório, o primeiro presidente do Brasil, o marechal Deodoro da Fonseca, publicou um decreto acabando com o regime do padroado, separando a Igreja brasileira do Estado brasileiro.

Decisão tão relevante que, nas palavras do padre historiador Júlio Brustoloni, foi a "salvação do santuário". Ah, sim... depois da inauguração da igreja de dom Carmelo, o bispo dom Lino tinha elevado a cidade de Aparecida à condição de Santuário Episcopal, e um pouco mais tarde a igrejinha fora promovida a Basílica Menor, com o carimbo do Vaticano e tudo o mais que se fazia necessário. Mas nenhum título seria capaz de esconder a situação terrível em que se encontrava a santinha e tudo o que a cercava.

E não era só a roubalheira. Por quase um século, no tempo em que a administração das igrejas ficou nas mãos do poder imperial, a fé religiosa em Aparecida viveu entre as trevas e as traças.

O Brasil tinha um santuário, mas ali não se rezava missa todos os dias. Ninguém fazia nenhum tipo de celebração na importantíssima Semana Santa. E se o fiel, romeiro, peregrino ou como quer que o chamassem quisesse se confessar em Aparecida, dificilmente encontraria um ouvido: dos três padres que havia, "só um deles atendia a confissões, e raramente".[17]

Aparecida penava, mas não estava sozinha.

Muitas paróquias Brasil afora nem sequer tinham padres para rezar missas. Desde que o rei de Portugal mandara expulsar os padres jesuítas, em 1759, os seminários onde deveriam ser formados os novos padres foram sendo fechados um depois do outro. Haviam sobrado poucos seminários, poucos padres e pouca esperança de se organizar a Igreja Católica no Brasil. Para piorar, em 1842, o imperador decidira que não se gastaria mais um centavo para formar padres em terras brasileiras.

A situação era tão assustadora que não se viu alternativa senão importar padres para povoar as igrejas desertas do Brasil. Entre elas, seu maior santuário. E o momento era mais do que adequado.

Agora que o Estado abrira mão da Igreja e a administração das paróquias voltara às mãos dos religiosos, o bispo de São Paulo resolvera pedir ajuda diretamente ao papa Leão XIII.

Capítulo 24

Para redenção, contra desordem e corrupção, chamem os alemães!

Primeiro, dom Lino escreveu uma carta. Depois, mandou um emissário pessoalmente ao Vaticano porque queria ter certeza de que o pedido seria atendido. Precisava de padres, urgentemente, para trabalhar no santuário.

Não era mesmo tarefa simples. Por falta de padres nas congregações estrangeiras, porque muitos já estavam comprometidos com outras empreitadas mundo afora, ou por falta de interesse em se arriscar em dificílima aventura em terras inóspitas, duas congregações italianas e uma francesa tinham recusado a oferta. O bispo auxiliar Joaquim Arcoverde, representando São Paulo, foi ao Vaticano acompanhado de dom Eduardo Duarte da Silva, bispo de Goiás.

Os padres alemães tinham o hábito de anotar tudo em diários. E, por causa desses diários, soube-se que o bispo goiano ficou com lágrimas nos olhos quando pediu que os redentoristas alemães enviassem padres para abastecer sua diocese abandonada em Trindade.

Em seguida, o representante dos redentoristas no Vaticano foi apresentado ao emissário de São Paulo. E ele chegou com um pedido parecido, que não estava na agenda: o bispo Arcoverde queria alemães também em Aparecida, o santuário que naquela época recebia mais de 100 mil pessoas por ano e precisava urgentemente de atenção. Os alemães nem sequer tinham sido avisados que Arcoverde, o futuro cardeal, acompanharia o bispo de Goiás no encontro, mas levaram o pedido em consideração.

Do Vaticano saiu uma carta para o mosteiro de Gars, na Alemanha, com o pedido de mais essa ajuda. Era preciso ampliar a comitiva, prevista inicialmente em oito padres, para atender à necessidade de São Paulo.

Na região alemã da Baviera, onde praticamente todas as pessoas eram brancas, a meia hora de trem do mosteiro de Gars, existia uma capela velha, pequena e redonda, completamente escura, dedicada a uma santa que parecia negra. Nas palavras dos alemães, a Madona Preta de Altötting.

Não que alguém acreditasse que ela fosse negra de nascimento, porque o nariz sempre foi fino, e a santinha de madeira foi feita para representar uma mulher que o mundo inteiro acreditava ser branca, chamada Maria, a mãe de Jesus. Curiosamente, uma história parecida com a da Nossa Senhora brasileira que nasceu branca, de nome Conceição, e que as velas e o lodo do rio Paraíba do Sul fizeram negra, a santinha Aparecida de quem os padres alemães do mosteiro de Gars nem sequer tinham ouvido falar.

A Madona Preta dos alemães é responsabilizada por inúmeros milagres, como o do menino afogado que renasceu aos pés da imagem, e também por muitas graças alcançadas por fiéis que enchem a entrada da capela das Graças com ex-votos na forma de pinturas e desenhos. A Nossa Senhora de Altötting tem uma belíssima coroa de ouro sobre a cabeça e veste um manto preto riquíssimo com inúmeros detalhes dourados. Vendo as duas santinhas, uma ao lado da outra, muitos ficariam espantados com a semelhança. "São irmãs!", alguém diria, sem levar em conta o detalhe de que, se Aparecida possivelmente está grávida, a Madona Preta já carrega o menino Jesus nos braços, devidamente vestido em ouro e coroado.

Na Baviera, quando dúzias de pessoas se amontoam na capelinha das Graças, sabe-se que o negro do templo é consequência das velas que o iluminaram e o enfumaçaram ao longo de mais de mil anos, escurecendo as paredes que mais tarde vieram a ser, de fato, pintadas de preto.

Nesse vilarejo que um dia se chamou Ötting, e que depois de velho e dividido se tornou Altötting, existem tantas igrejas próximas umas das outras que o visitante pode ser levado a se perguntar: "Para que tantas? Para quantos deuses?"

A quem se faz essa pergunta, a história perdoa. O templo redondo serviu ao culto de muitos deuses pagãos que, por tanto tempo, fizeram a cabeça de alemães e de meio mundo antes que Jesus Cristo fosse considerado uma unanimidade a ser defendida à custa do sangue que houvesse que custar.

Era nesse templo, um dia pagão, agora cristão, um dia claro, agora escuro, que a Maria Preta dos alemães recebia as preces dos padres redentoristas até pouco antes de eles avistarem o aviso no mural do convento com o chamado para a aventura no Brasil. Por uma disputa política, os redentoristas acabavam de ser afastados de Altötting e de sua Madona Preta. A capela das Graças havia sido entregue a outra ordem de padres, e os redentoristas se sentiam órfãos.

Não soou nada mal, então, quando o superior do mosteiro de Gars, o padre Rahul, começou a perguntar quais entre aqueles padres estariam dispostos a atravessar o mundo para cuidar do templo de outra madona preta chamada Aparecida, numa terra que em tudo era diferente da Baviera.

Os redentoristas sempre tiveram alma missionária, seguiam o exemplo do fundador da ordem, o italiano Afonso de Ligório, e entendiam que percorrer o mundo levando a palavra de Cristo aos pobres era sua maior missão. Outros redentoristas haviam se mudado pouco antes para o Peru, o Chile e a Colômbia, e o convite para trabalhar no Brasil não era incomum. Mas nem por isso deixava de ser um desafio enorme. Os padres alemães não tinham a menor ideia de onde ficava aquele lugar no interior de um país sobre o qual não sabiam muito mais que o nome.

De certa forma querendo se afastar dos problemas políticos que os separaram da Madona Preta de Altötting, mas desafiados pela missão que os fizera escolher a Congregação do Santíssimo Redentor, e seguindo a constituição redentorista que os fazia "abnegados de si mesmos e sempre prontos a enfrentar o que é exigente e desafiador", catorze padres e diáconos disseram sim a Aparecida.

Para que os alemães fossem aceitos num país ainda muito ressabiado com a roubalheira e o excesso de poder dos missionários jesuítas, era preciso que o Vaticano declarasse publica-

PARA REDENÇÃO, CONTRA DESORDEM E CORRUPÇÃO, CHAMEM OS ALEMÃES!

mente que os redentoristas não eram filiados aos padres que um dia mandaram e desmandaram no Brasil.

Dois meses depois daquele pedido desesperado do bispo auxiliar Arcoverde, saíram as nomeações. Era preciso fazer logo as pequenas malas porque o bispo de Goiás tinha pressa: queria que todos embarcassem no navio que sairia da França em 5 de outubro daquele mesmo ano de 1894.

Capítulo 25
A viagem dos redentores

Na última hora, um padre com pneumonia foi impedido de viajar. E assim, às quatro da madrugada do dia 24 de setembro de 1894, treze padres missionários e aventureiros embarcaram num trem na pequena estação de Gars, à beira do rio Inn, atravessaram a Alemanha e desembarcaram em Paris. Depois de três dias de descanso, viajaram em mais um trem até o porto de Bordeaux, onde se encontraram com três padres brasileiros e se hospedaram num colégio jesuíta. Antes de se aventurar pelo oceano Atlântico, no entanto, fizeram questão de passar pela gruta de Lourdes. Rezaram no exato local da famosa aparição de Maria e, no dia 5 de outubro, embarcaram para a terra desconhecida.

A bordo do navio *Brésil*, onde só na primeira classe havia seiscentas pessoas, jantaram todos juntos pela primeira e última vez. Já no dia seguinte, alguns padres foram atacados pelo que chamavam "doença do mar" e, com enjoos terríveis, não conseguiram sair de suas cabines. Os treze padres mareados contornaram a Espanha, avistaram as montanhas da Galícia e acharam Lisboa a cidade mais linda do mundo.

Ainda no porto de Lisboa, aceitaram a gentileza do comandante do navio e passaram o restante da viagem ocupando sua cabine. Lá, fixaram um crucifixo na parede e rezaram missa duas vezes por dia.

Foram dias intermináveis em que tudo parecia assustadoramente azul. Até que o *Brésil* fez uma escala no Senegal. Os padres só viram "mouros vendendo conchas" e negros que "mergulhavam no mar para buscar meio franco que se jogasse".[18] Saindo do Senegal, celebraram missa para os passageiros no convés, onde apareceram todos em traje de festa. Seguiram em dias de céu limpo numa viagem monótona, a trinta quilômetros por hora, em que a única distração eram raros veleiros que apareciam no meio daquele mar calmo.

Quando encontravam paz e motivo, os padres tomavam cerveja alemã. Abriram três garrafas no momento em que atravessaram a Linha do Equador e chegaram pela primeira vez ao hemisfério sul do planeta.

A primeira imagem que tiveram do Brasil foi de algumas ilhas e, depois, montanhas escondidas em meio a uma forte neblina. Choveu um dia inteiro até que um marinheiro avistou o porto. Mas nada seria tão fácil.

Era 21 de outubro de 1894.

Os padres passaram um dia inteiro à espera de uma autorização para desembarcar no Rio de Janeiro, porque os brasileiros não queriam permitir a entrada de imigrantes portugueses que chegavam no navio *Brésil*. Só com um pedido ao ministro da Guerra, e uma ordem expressa dele, os padres passaram para embarcações menores e pisaram pela primeira vez em seu novo país.

Estavam todos destruídos depois daqueles dezesseis dias de viagem. E a situação piorou. No meio de uma enorme confusão com o desembarque de outros passageiros, os padres se desencontraram de dois companheiros que voltaram às cabines em busca de documentos perdidos. Os agora onze padres aos pedaços caminharam por mais trinta minutos, pegaram um bonde e foram dormir num seminário.

Os dois alemães perdidos no porto do Rio de Janeiro foram ridicularizados e humilhados pelo povo, porque não levavam dinheiro nem falavam uma única palavra em português.

"Não há ninguém aqui que fale alemão?", gritava um deles no meio da zoeira do porto do Rio. Por sorte, havia. Um homem que falava português e alemão conseguiu um carregador que levou os dois perdidos ao hotel de um sueco, onde receberam comida e hospedagem de graça.

Na noite seguinte, os treze novamente reunidos ouviram serenata, comeram bananas pela primeira vez na vida e dormiram. Acordaram impressionados ao perceber que estavam num pedaço do mundo completamente diferente daquele que conheciam. "Palmeiras e outras árvores distintas se mostravam da janela", anotaram. Gostaram de ver do alto uma bela paisagem do Rio de Janeiro.

O frei Lourenço Hubbauer teve febre, diarreia e vômitos violentos. E o pavor voltou a tomar conta dos recém-chegados: "Estamos ferrados! [sic] É febre amarela",[19] pensaram os alemães, até descobrirem que era só mais uma indisposição naquela bela e trágica chegada ao Brasil.

Naquele tempo, havia um trem expresso entre Rio e São Paulo. E foi nele, guiados por um padre brasileiro, que, mais de três semanas depois de saírem de seu belíssimo mosteiro na Baviera, os padres alemães chegaram a Aparecida. Foram levados a uma residência provisória, onde ficaram, apertados, doze padres. Entre eles, alguns que logo em seguida iriam para o santuário de Trindade, em Goiás. O 13º, o desafortunado frei Hubbauer, só chegou a Aparecida cinco dias depois. "São e salvo. *Deo gratia!*", comemoraram os padres.

Naquelas que seriam as primeiras páginas das *Ânuas de Aparecida*, inaugurando uma longa tradição de anotar o que de mais importante acontecia e o que se sentia no santuário, os padres redentoristas alemães registraram numa única frase sua primeira impressão sobre a santinha de barro: "Que sentimentos tivemos ao vê-la tão bonita diante de nós!"

Capítulo 26

Altötting brasileira

Quando a poeira da chegada baixou, os padres alemães resolveram sair para conhecer os vilarejos próximos ao santuário, que também ficariam sob os cuidados deles. Tomaram uma ducha fria. Ou melhor, morna. De lágrimas.

Em 1º de novembro de 1894, o padre José Wendl[20] foi à vizinha Potim rezar missa numa igreja pobre, com tudo aos pedaços, onde até a batina deixada na sacristia pelo último vigário a abandonar a paróquia estava rasgada. O padre Wendl chorou. E assim mesmo, triste, sem falar uma única palavra em português, rezou missa a um povo que lhe pareceu muito religioso. Um morador deixou grande esmola e convidou o padre para tomar café.

Era o Brasil.

Quem mandava em Aparecida naquela época ainda era um brasileiro, o padre Claro do Amaral, que distribuiu tarefas aos novatos impressionados com a quantidade de batismos: "São muito frequentes, porque vem gente de fora, por devoção, por causa de promessa feita de batizar aqui", anotaram os padres em seu diário, ainda em alemão.

Exatamente um mês depois da chegada ao Brasil, a batata quente caiu nas mãos dos novatos. Padre Claro foi chamado às pressas para atender uma paróquia atacada pela cólera, e os alemães, sem tempo para se preparar, tiveram que assumir o comando do santuário brasileiro. Falavam pouquíssimo português e contavam com a ajuda de religiosos das vizinhanças para não fazer missas totalmente incompreensíveis aos fiéis brasileiros.

Os padres alemães ficaram encantados com a festa de 8 de dezembro, quando ainda por herança portuguesa se comemorava o dia de Nossa Senhora. Viram fogos de artifício pela primeira vez na vida. Viram, às cinco e meia da tarde, igualmente encantados, o momento em que algumas moças carregaram a imagem de Aparecida em procissão até o rio Paraíba do Sul.

Padre Claro voltou da viagem e, como andava muito cansado, entregou mais uma vez o comando de Aparecida aos recém-chegados. Padre Wendl assumiu provisoriamente as funções administrativas, até que, em janeiro de 1895, chegou uma carta do padre Claro informando que se encontrava em São Paulo, que havia pedido demissão do cargo de Superior de Aparecida e que estava entregando a administração interina aos redentoristas.

Os padres não precisavam falar muito português para perceberem que entregar a administração interina era só um jeito brasileiro de dizer algo como "daqui por diante, vocês que se virem!". Os alemães foram organizar os documentos do santuário, e logo perceberam a bagunça. "O bom padre deixou os livros oficiais em grande desordem. No livro de óbitos estavam anotados só dois. [...] Livros de batizados e casamentos estavam escritos em tanta confusão que se precisou de novos livros com nova autorização", eles registraram no diário.

Pouco a pouco os alemães foram provando também do ciúme da vizinhança. Receberam uma carta do vigário de Guaratinguetá "proibindo que realizássemos no futuro batizados de crianças da sua paróquia sem sua licença! Numa visita a nós feita, pouco antes, havia concedido oralmente a permissão de batizar crianças da sua paróquia". Estranharam.

Estranharam também quando um homem veio pedir a extrema-unção ao pai doente, marcou encontro no dia seguinte na estação de trem e jamais apareceu.

Logo, logo os padres alemães mudaram a sede brasileira dos redentoristas de Goiás para Aparecida, de onde cuidavam de sete paróquias.

Receberam as visitas de dois ministros de Estado que foram a Aparecida agradecer as graças alcançadas. Certo dia, ganharam duas vacas, dois bezerros e um cavalo branco "bom de montaria", tudo por conta de Nossa Senhora. E, assim, os alemães começaram a perceber como os brasileiros davam o que podiam e o que não podiam para agradecer à santinha.

No começo de 1896, uma senhora do Rio de Janeiro levou um pequeno tesouro para que os padres fizessem uma nova coroa para a imagem de Aparecida: "Um relógio de ouro de senhoras, dois preciosos brincos, um broche de ouro e um anel de ouro, na aparência sem importância, mas que é obra de arte e foi avaliado por um conhecedor em mais de 100$000."

O que mais impressionava os padres alemães era o descaso dos colegas com a religião que vieram pregar. "Realmente, o clero brasileiro tem quase exclusiva culpa na ignorância do povo, pois ou não pregam ou falam em frases ocas sobre coisas de nenhum proveito."

O padre Lourenço Gahr, que viria a ocupar o cargo de superior de Aparecida, achou o fato tão relevante que resolveu informar o Vaticano: "A ignorância do povo é enorme. [...] São católicos só de batismo. Não há ensino religioso nas escolas. Os vigários não dão catecismo na igreja. Os pais nada sabem."

Outro que chegou entre os treze aventureiros, o padre Gebardo Wiggermann, chefe daquele grupo, estranhava o rigor dos padres brasileiros na hora de penitenciar os fiéis: "É de admirar que aqueles que seguem um extremo laxismo no que respeita suas próprias vidas insistam num intolerável rigorismo na administração do sacramento da penitência."[21]

Os redentoristas achavam que o povo brasileiro era muitíssimo mal assistido, e também muitíssimo religioso, como eles percebiam nos peregrinos que percorriam longas distâncias até Aparecida: "É uma fé viva, filial e singela, havendo casos de famílias se privarem de tudo para dar a Nossa Senhora, não tendo, depois, às vezes, o suficiente para a viagem de volta."[22] E assim, vendo mais de 100 mil peregrinos chegarem todos os anos a Aparecida, os redentoristas encontravam forças para continuar a difícil missão que os tinha feito deixar a Alemanha.

Lembravam-se do santuário onde haviam trabalhado na Baviera, lembravam-se da Madona Preta que havia ficado para trás, e pretendiam que o santuário brasileiro se parecesse cada vez mais com aquele que deixaram para sempre: "Aparecida tornar-se-á uma Altötting brasileira quando o número de padres for maior no Santuário."[23] Mal sabiam que, muito em função do trabalho que aqueles alemães faziam, Aparecida se tornaria muitas vezes maior do que Altötting.

Em parte como consequência da determinação dos redentoristas alemães e dos redentoristas brasileiros formados por eles, o século XX veria uma expansão extraordinária da paixão brasileira por Aparecida. Começando pelo que aconteceria dez anos depois daquela viagem terrível a bordo do navio *Brésil*.

A RAINHA, OS PAPAS E OS PRESIDENTES

Capítulo 27

A princesa

O príncipe consorte e a filha mais velha do imperador não conseguiam ter filhos. Faziam de tudo para dar um sucessor à monarquia brasileira, mas nada livrava Gastão de Orleans, o conde d'Eu, das chacotas de impotência. A princesa Isabel Cristina "não dava frutos",[1] e o "reprodutor francês" não era capaz de engravidá-la. Enquanto isso, a filha mais nova de dom Pedro II, a princesa Leopoldina, tinha um filho atrás do outro com o primo do marido da irmã.

Isabel Cristina não tinha inveja. Não era do feitio daquela moça incrivelmente bondosa, feia e profundamente católica desejar as coisas alheias. Ao contrário, Isabel gostava de dar esmolas e perguntava ao pai quando chegaria o dia em que todos poderiam votar nas eleições municipais.

A sucessora do trono brasileiro e seu marido francês estavam prestes a completar quatro anos de casados quando foram em busca das águas virtuosas que prometiam a cura da infertilidade. Os médicos diziam que os minerais ajudariam, e o casal foi a Campanha, Lambari e Caxambu, em Minas Gerais.[2] Voltando, rumo ao Rio de Janeiro, os dois passaram por São Paulo e resolveram parar para ver a santinha. Quem sabe Aparecida não intercedia por aquela gravidez aparentemente impossível?

A princesa era tão religiosa que, diziam, colocava a fidelidade à Igreja Católica na frente de suas obrigações com o Brasil.[3] Ainda muito antes da chegada dos redentoristas alemães, no dia 7 de dezembro de 1868, Isabel e o príncipe consorte chegaram a Guaratinguetá e foram recebidos com as honras que se esperariam a quem um dia poderia vir a ser a imperatriz do Brasil. No dia seguinte, quando se comemorava o feriado nacional dedicado a Nossa Senhora,[4] os dois assistiram à missa na capela de Aparecida, e a princesa Isabel fez uma exibição pública de seu poder.

Foi quase um milagre imperial! Mandou soltar um recruta da Guarda Nacional que era conduzido algemado em direção à cadeia.[5] Era um gesto simbólico que lembrava um dos primeiros milagres atribuídos à santinha, o inexplicável rompimento das correntes de um escravizado enquanto ele rezava aos pés de Aparecida.

A princesa Isabel ainda nem sonhava que entraria para a história do Brasil como a libertadora dos escravizados, pois ainda faltavam vinte anos para que, num dos momentos em que assumisse o comando do país na ausência do pai, em 13 de maio de 1888, ela assinasse a lei Áurea, pondo um fim mais que tardio à escravidão brasileira. Isabel ainda não sabia que a monarquia acabaria no Brasil antes que ela tivesse chance de ser coroada.

E agora, com o distanciamento que o tempo permite, nos parece simbólico o momento em que ela entregou uma coroa com trezentos gramas de ouro e quarenta diamantes para a santinha que, só por coincidência, era como Isabel: sem muita beleza, cheinha e brasileiríssima.

Era como se a princesa dissesse: "Dou-lhe aquilo que jamais usarei!"

O príncipe consorte ainda voltaria a rezar na capela de Aparecida, depois de uma notícia trágica, a perda daquela que seria a primeira filha do casal no momento em que o bebê saía da barriga da princesa, em 1874. E vai haver quem diga que foi porque Gastão de Orleans pediu mais uma vez a intercessão de Nossa Senhora Aparecida que, no ano seguinte, Isabel voltou a engravidar.

Ao longo dos seis anos seguintes, nasceram três filhos, e pôs-se um fim às chacotas de impotência. Começaram outras, menos relevantes para a nossa história. Até que um dia não houve mais monarquia nem princesa. E quem se tornou rainha foi Aparecida.

Quando a monarquia deu lugar à República Federativa do Brasil, em 1889, a princesa Isabel e o príncipe Gastão de Orleans foram viver no exílio com a família imperial, em Paris. E não puderam ver a coroação da santinha, quinze anos depois.

Capítulo 28

A rainha

"Mau grado os esforços dos inimigos da nossa santa religião, o culto da Virgem augmenta, a Santíssima Virgem triumpha",[6] podia-se ler num dos livretos publicados pelos padres redentoristas depois que a imagem de Nossa Senhora da Conceição Aparecida recebeu oficialmente o título de rainha.

Inimigos? Triunfo? Uma das razões para a coroação pública e oficial de uma imagem que havia muito tempo só aparecia diante do povo com uma de suas inúmeras coroas era uma demonstração de força. Muitos anos mais tarde, o padre historiador Júlio Brustoloni afirmaria que a Igreja queria "demonstrar ao regime republicano que havia banido da Constituição e da vida pública o nome de Deus e da Senhora da Conceição, a força da fé católica e os sentimentos religiosos do povo". De fato, a Igreja enfrentava os homens que mandavam na República, e, a seu modo, venceria.

A coroação de Aparecida foi em 8 de setembro de 1904, um dia depois da festa republicana da independência, no ano em que católicos do mundo inteiro comemoravam os cinquenta anos da declaração do dogma da Imaculada Conceição – aquele que afirmou de uma vez por todas que a menina Maria nasceu da vontade divina, completamente livre do pecado original.

Dependendo de quem escreve o relato, teriam sido 6 mil ou até 15 mil os fiéis que lotaram Aparecida para a cerimônia solene. Um arcebispo, pelo menos doze bispos – de São Paulo, do Rio, de Minas, do Paraná, de Goiás, da Bahia e até um representante da Igreja greco-católica melquita – e mais de sessenta padres acompanharam a coroação.

"São nove horas do dia. Chegam os illustres e sagrados príncipes da Egreja Catholica acompanhados de muitos sacerdotes. Ajoelham e reverenciam a venerável imagem da Santíssima Virgem", relataria um livreto publicado pelos padres nos dias seguintes àquela cerimônia.

Depois da chegada dos bispos, leu-se uma oração dedicada a Nossa Senhora Aparecida, feita especialmente para aquela data.

"A serpente maligna contra quem foi lançada a primeira maldição continua teimosamente combatendo e tentando os míseros filhos de Eva. Eis, bemdicta Mãe, Rainha e advogada nossa, que, desde o primeiro instante da vossa conceição, esmagastes a cabeça do inimigo."

Era um trecho da reza que, àqueles que a repetissem, garantia trezentos dias de perdão, concedidos na forma de indulgência por sua santidade, o papa Pio X. Depois da oração, a coroa que a princesa Isabel dera de presente foi recolocada sobre a cabeça da santinha. Deixou de ser só um ornamento luxuoso que se juntava ao manto azul e lhe escondia a feiura do pescoço quebrado para se transformar num símbolo de poder.

Era curioso. O Brasil ainda estava se acostumando a viver numa República, sem os nobres herdados de Portugal, mas passava a ter, tardiamente, uma rainha. Era um passo decisivo para a consolidação de uma imagem nacional que se completaria algumas décadas depois com sua proclamação como padroeira do Brasil.

Naquela mesma coleção de textos onde aparecem os registros da coroação, são relatados novos milagres atribuídos à santa de barro. Num deles, conta-se a história de um médico paulista que não encontrava cura para uma ferida na perna e, ao ouvir o conselho de um amigo, fez promessa a Aparecida. Quinze dias depois, estava totalmente curado.

Outro relato foi feito aos redatores de um periódico chamado *Luz de Apparecida* e dá conta de que um menino de dez anos carregava desde o nascimento um grave problema nas pernas, o que o impedia de caminhar. Depois de ouvir o conselho de um padre, Sebastião prometeu que se fosse curado iria ao santuário colocar uma fita nos pés de Nossa Senhora e varrer a igreja. No dia seguinte, como milagre, levantou-se e começou a caminhar.

Capítulo 29

A escolha do cardeal

Não houve referendo, nenhum tipo de eleição, concurso ou consulta popular. Precisava? Pior é que precisava. Se nos bastidores da Igreja, religiosos do alto escalão, liderados pelo arcebispo-coadjutor do Rio de Janeiro, dom Sebastião Leme, não tinham a menor dúvida de que era preciso pedir ao papa Pio XI para promover Nossa Senhora da Conceição Aparecida ao posto de padroeira do Brasil, havia um grupo, forte também, formado por bispos do Norte e do Nordeste, que não concordava.

Existia ainda outro problema, bem mais complicado: para eleger uma nova padroeira seria preciso dispensar um padroeiro. Ou seria... esquecer?

São Pedro de Alcântara foi um frei franciscano espanhol tão humilde que mesmo em vida, no século XVI, era considerado santo. Foi feito padroeiro por escolha do imperador Pedro I, simplesmente porque o imperador, homônimo do santo, mandava na Igreja. Mas logo depois que foi consagrada

203

a República, assim como o imperador Pedro de Alcântara, seu xará, o santo Pedro de Alcântara, foi rapidamente esquecido pelos brasileiros.

Esquecimento que não acometeu o papa Pio XI, que, obviamente, mandou consultar os arquivos do Vaticano e se certificou de que, já tendo um padroeiro principal, o Brasil não poderia ter também uma padroeira principal. E a primeira resposta do papa foi "não" a Aparecida.

Mas papas também mudam de ideia. E mais tarde, quando o papa disser "sim", a aclamação do povo e a bênção dos políticos serão marcantes na história da Igreja Católica no Brasil. Depois de 41 anos em que os presidentes brasileiros não podiam nem ouvir falar em religião, será a volta das batinas ao centro do poder no país.

O Brasil ainda não sabe, mas, no momento em que estamos agora, na primeira semana de setembro de 1929, vive-se o que os livros de história chamarão de República Velha. É o período entre o fim da monarquia, em 1889, e o golpe de Estado que está para acontecer, em 1930.

O governo da República ainda é hostil aos bispos. E os bispos estão reunidos. Juntaram-se no santuário de Aparecida para comemorar os 25 anos da coroação da santinha e, mais importante do que isso, discutir uma saída para o buraco em que a Igreja estava metida.

Não era possível continuar sendo desprezados pelos ateus que governam o país, os religioso reclamam. Quando os políticos entenderiam que o Brasil era um país de católicos?[7] Era preciso ensinar religião nas escolas públicas. Quando entende-

A ESCOLHA DO CARDEAL

riam que o divórcio tinha que ser proibido por lei? Os padres estão contrariados e cheios de demandas.[8] Mas, por enquanto, não há quem os escute.

Ao fim desses três dias de encontro em Aparecida, os padres decidirão escrever uma carta ao chefe, no Vaticano, com um pedido que, agora, parece mais do que óbvio: a santinha era o maior fenômeno da fé brasileira e deveria ser elevada à categoria de padroeira. Merecia o lugar mais alto que pudesse haver.

Talvez não mais alto apenas do que o Cristo, que, no mesmo ano em que Aparecida for aclamada pelas ruas do Rio de Janeiro como padroeira, será posto a 710 metros de altura, naquela mesma capital.

"Estamos colocando a imagem de Cristo no Corcovado", dirá o cardeal Sebastião Leme. "É, pois, nos cimos mais elevados do nosso amor que, ao lado da imagem de Cristo, vamos plantar a imagem da excelsa padroeira. E daí, das alturas do coração do povo, não haverá força humana ou infernal capaz de fazer baixar o Nosso Redentor e a nossa Mãe."[9]

Mas ainda faltam dois anos para que isso aconteça. E a força infernal, os republicanos agnósticos inspirados pelo positivismo, os políticos que chegam a sentir náuseas quando se fala em igreja... ainda mandam no Brasil.

Ainda estamos em 1929. Dom Sebastião Leme, filho de professor, representante da classe média, afinadíssimo com a Igreja de Roma, muito em breve vai deixar de ser arcebispo-coadjutor e se paramentar pela primeira vez como cardeal arcebispo do Rio de Janeiro para jamais abandonar o hábito e se tornar um dos homens mais poderosos do Brasil. É a assinatura dele que vai ser colocada embaixo do pedido que os bispos estão preparando para enviar ao papa.[10]

No Vaticano, o homem que decidia, o papa Pio XI, andava tão ocupado com o homem que decidia mais do que ele, o ditador fascista Benito Mussolini, que demorou para pensar no assunto. Só um ano mais tarde, depois que Mussolini parou de incomodar o papa e elevou o Vaticano à categoria de Cidade-Estado,[11] o papa respondeu ao pedido dos bispos brasileiros. E em grande estilo.

O decreto foi assinado em 16 de julho de 1930, quando dom Sebastião Leme ainda estava no Vaticano se acostumando às novas roupas de cardeal.[12] Começa com os dizeres *Ad perpetuam rei memoriam*, determinando que a decisão que o papa anuncia ali deverá ser lembrada e cumprida eternamente. E, num belíssimo documento manuscrito, o Vaticano declara "a beatíssima Virgem Maria, concebida sem mancha, sob o título de 'Apparecida', padroeira principal de todo o Brasil diante de Deus, para promover o bem espiritual dos fiéis no Brasil e para aumentar cada vez mais a sua devoção à Imaculada Mãe de Deus".

Mas agora que o papa conseguia respirar no meio da confusão europeia, agora que gastou alguns minutos para tomar decisões que mudariam a história da Igreja no Brasil, era o Brasil que vivia um momento complicado.

Quando o cardeal Leme desembarcou no Rio de Janeiro, em outubro daquele mesmo 1930, as tropas "revolucionárias" lideradas por Getúlio Vargas tinham acabado de amarrar seus cavalos no obelisco da capital. Tinham vencido as tropas

A ESCOLHA DO CARDEAL

federais e estavam dispostas a matar o presidente Washington Luís caso ele não deixasse o governo.

Meses antes, rompendo com a chamada política do café com leite, em vez de escolher um sucessor indicado pelos mineiros, Washington Luís decidira que o próximo ocupante do palácio do Catete seria Júlio Prestes, representante dos ricos plantadores de café do estado de São Paulo, que ele tão bem defendia. E Getúlio, governador dos gaúchos, apoiado pelos mineiros insatisfeitos com o "ultraje paulista", resolveu acabar com aquilo que aos olhos dele era uma farra nacional.

Para a Igreja brasileira, o golpe de Estado se revelaria um belíssimo negócio.

Depois de se divorciar do Estado à força já nos primeiros dias do Brasil República, depois de amargurar quatro décadas de insignificância política, depois de ser desdenhada pelos primeiros presidentes brasileiros, a Igreja poderia retomar os privilégios perdidos e voltar a ter influência sobre os rumos do país.

Nada mais simbólico desse novo papel da Igreja do que a foto que mostra o não mais presidente Washington Luís saindo de sua residência oficial, no banco de trás do carro oficial, escoltado pelo cardeal. O cardeal Leme havia convencido o presidente a aceitar o ultimato dos militares e entregar o cargo a Getúlio, evitando, assim, que o sangue presidencial fosse derramado no palácio da Guanabara.[13]

"O que ainda está contendo o povo e as tropas é a esperança de minha ação junto a vossa excelência",[14] disparou o cardeal contra o presidente encurralado. "Hoje, vossa excelência poderá agir sem intimidação dos canhões. Amanhã será tarde."

207

Em outras palavras, revendo a história muitas décadas depois, era como se o cardeal puxasse a República Velha pelo braço e lhe dissesse: "Vá, tarde, antes que nunca! Morra de uma vez por todas, pois os seus sucessores nos hão de devolver o que vocês nos tomaram!"

Washington Luís acabou sendo exilado.

Capítulo 30
"Aparecida, o Brasil é vosso"

Dias depois de acompanhar o presidente deposto até a porta dos fundos da história, o cardeal Leme seria fotografado ao lado da Junta Governativa formada pelos militares, anunciando que a Igreja Católica andaria boa parte do tempo de braços dados com o novo governo, a ponto de conseguir que inúmeras de suas reivindicações fossem incluídas na Constituição de 1934. A Igreja voltava a ser vista como aliada importante por aqueles que agora governavam o Brasil. E a intercessão de Aparecida, nesse momento crucial da história, seria providencial.

Talvez tenha sido a pedido de Getúlio que uma enorme festa seria organizada no ano seguinte ao golpe. Não se sabe ao certo. Fato é que ele estaria lá, pronto para tirar uma bela "casquinha" política da imagem milagrosa. Ainda que não tivesse a menor ideia do que fazer quando ficasse frente a frente com ela.

Um dia antes da festa, em 30 de maio de 1931, depois de mais de duzentos anos sem jamais sair do interior de São Paulo, a santinha fez sua primeira viagem. Num trem reservado especialmente para aquela travessia, às 22h15, em cima de um andor dourado, no vagão transformado em capela, foi levada em direção à capital do país.

Às oito da manhã, depois de dez horas na ferrovia, depois de muitas paradas em que foi aclamada por um povo que acendia velas e jogava flores, a santinha chegou ao Rio de Janeiro. E saiu em carro aberto numa procissão pelo centro da cidade.

Primeiro de Março. Visconde de Inhaúma. Rio Branco. As maiores avenidas da capital se abriam para a santinha de barro fazer sua estreia na política nacional. Uma multidão de padres e pelo menos trinta bispos caminhavam ao lado de Aparecida. O povo acompanhava. Os almirantes da Marinha que faziam a escolta davam um tom oficial de parada militar ao cortejo.

Quem ia na frente? O cardeal Leme liderava a procissão, seguido por uma corte de cavaleiros da ordem de são Gregório, vestindo um manto tão comprido que foi preciso trazer alguns pajens para que os panos cardinalícios não se arrastassem por aquelas ruas sujas.

Era o maior acontecimento popular desde a posse de Getúlio. E os padres avaliaram que era ainda mais que isso: "A maior demonstração de fé desde o descobrimento, não só do Brasil, mas da América do Sul."[15]

Uma hora de procissão. Duas horas. Três. Precisamente, três horas e meia depois de sair da igreja de São Francisco de Paula, no centro, a padroeira chegou à Esplanada do Castelo, às margens da baía de Guanabara. E lá, aos pés da escadaria, foi recebida pelo chefe do Governo Provisório,[16] o presidente Getúlio Vargas.

Ali estavam também a primeira-dama Darci Vargas, ministros, embaixadores e todos aqueles que pretendiam ter alguma importância no cenário político brasileiro. Ao lado do presi-

"APARECIDA, O BRASIL É VOSSO"

dente, via-se o núncio apostólico, uma espécie de embaixador do Vaticano em terras brasileiras.

Aparecida foi colocada num palco, no alto da escadaria. E o cardeal Leme ajoelhou-se, dizendo: "Senhora Aparecida, o Brasil é vosso!"

Nada podia ser mais claro e objetivo do que aquilo que o cardeal poderoso afirmava em forma de oração. Depois de lentamente expandir seu alcance pelo interior de São Paulo, onde fora encontrada, e depois para as Minas, para o Rio, para Goiás e outras partes até ser coroada, Aparecida se tornava, definitivamente, a Senhora de todo o Brasil.

O cardeal Leme disse palavras que poderiam ser mal interpretadas por uma ditadura que ainda se firmava. Coisas como "esclarecei o nosso governo". Mas as relações entre a Igreja e os comandantes da ditadura iam bem. Mais tarde, na inauguração do Cristo, naquele mesmo ano, o cardeal seria ainda mais ousado, dizendo que "ou o Estado reconhece o Deus do povo ou o povo não reconhecerá o Estado",[17] e ninguém reclamaria outra vez.

Ainda na festa da padroeira, depois de fazer o tradicional gesto de erguer e beijar Aparecida, o cardeal Leme ofereceu a imagem ao presidente para que ele fizesse o mesmo. Quando ficou diante da santinha, embora tivesse pedido para ter aquela oportunidade que certamente lhe renderia um bom momento com os fotógrafos, Getúlio não soube o que fazer.[18]

Não era religioso. Hesitou. E acabou segurando a barra do manto azul, sem que ninguém entendesse por quê. Então, um bispo salvou Getúlio ao dizer: "Senhor presidente, é para beijar!"[19] E o senhor presidente beijou os pés da padroeira.

Vestindo traje de gala, ao lado de seus subordinados, diante das câmeras e dos repórteres, o presidente de um país que

211

antes dele decidira separar o que era da Igreja daquilo que era do Estado, o presidente agnóstico do Brasil, beijava os pés de Nossa Senhora da Conceição Aparecida.

Casamento? Reconciliação? Sem dúvida. Era uma conquista tão contundente e inesquecível que o cardeal Leme resolveria logo mandar um telegrama relatando os acontecimentos ao papa Pio XI. Para quem não lembra ou já nasceu no tempo do e-mail, telegramas eram assim... telegráficos mesmo.

"Multidão. Cerca talvez um milhão de pessoas. [...] A cidade inteira, representando Nação, jurou fidelidade Cristo-Rei, adesão Santa Sé, Romano Pontífice, cuja benção implora todo o Brasil genuflexo."[20]

Sim, o Brasil inteiro fazia ge... nu... fle... xão. Como os chineses diante de seu imperador, como os ingleses diante de sua rainha, o Brasil se ajoelhava diante da padroeira de 36 centímetros e a reconhecia como símbolo nacional.

E São Paulo? O estado que se sentia renegado em sua importância, que logo, logo pegaria em armas para exigir a presidência que acreditava lhe ter sido roubada, comemorava pelo menos uma vitória: a padroeira era paulista! Às 21h15, o trem saiu da estação Pedro II no Rio de Janeiro levando Aparecida de volta à cidade que menos de três anos antes se separara de Guaratinguetá e recebera, finalmente, o nome de Aparecida do Norte (mais tarde encurtado para Aparecida).

Foram só quarenta horas de ausência, quase nada comparado ao que a santinha ainda iria viajar quando o país passasse por um novo golpe e tivesse uma nova ditadura. Mas, antes disso, o relacionamento de São Paulo com Getúlio Vargas iria azedar de vez. E seria preciso esconder a santa.

Capítulo 31
Escondam Aparecida!

O comandante ia contando os passos pelos corredores enormes, determinando a que soldado pertenceria cada espaço nos quartos do seminário. Os padres que procurassem outro canto, porque as camas iam pouco a pouco sendo ocupadas pelos recém-chegados. Três seminaristas ainda tentaram contrabandear alguns colchões para a pequena área que lhes seria destinada, mas foram flagrados e repreendidos pelo padre diretor. Tinham que ser bons cristãos, deviam fazer sacrifício e ceder suas camas aos soldados.

As tropas constitucionalistas de São Paulo acabavam de ocupar o Colegião. Era um prédio enorme, com ares de monumento, sonhado para ser uma versão brasileira do palácio francês de Versalhes, batizado oficialmente de seminário Bom Jesus.

Em quartos enormes, com pés-direitos altíssimos, onde normalmente cabiam vinte estudantes couberam mais de oitenta militares. Pelo Colegião inteiro, contando salões e jardins, eram mais de seiscentos soldados. As tropas de São Paulo tinham requisitado o seminário para que lhes servisse de quartel no Vale do Paraíba enquanto combatiam as tropas federais, leais a Getúlio Vargas.

Nos fundos do Colegião foi instalada uma cozinha de campanha que servia aos militares e às famílias que abandonavam suas casas por causa da guerra, lembraria mais tarde o padre Alfredo Morgado, um dos poucos que registraram aqueles tempos difíceis. "Era de se ver a longa fila de pobres que, com vasilhas de toda espécie, buscavam seu alimento."

E a convivência com aqueles sujeitos toscos não era nada fácil. "Um soldado nos perguntou se todos queríamos ser padres. Diante da resposta afirmativa, ele, girando seu revólver em piruetas, nos disse: 'Vocês não têm gosto, bom é manobrar isto aqui!'."

Nos pátios do santuário, formou-se um pelotão de aproximadamente cinquenta homens que recebeu o nome de Batalhão de Nossa Senhora. Para apoiar os soldados de Aparecida, e também os de outros pelotões, mandou-se confeccionar medalhinhas juntando a bandeira de São Paulo com a imagem da santinha. E muitos panfletos com orações em apoio aos soldados foram levados aos campos de batalha.

Os padres de Aparecida ofereceram o santuário como quartel-general aos revolucionários, arrecadaram ouro como parte de um programa estadual de contribuição popular à causa paulista, deram comida aos refugiados famintos, transformaram uma escola e um asilo em hospitais para atender os soldados feridos, ouviram as confissões daqueles que voltavam

ESCONDAM APARECIDA!

da luta, e ainda atuaram como capelães das tropas durante os combates. "Um dos grandes frutos foi ter quebrado aquela aversão ao clero, que se notava entre os soldados", anotou no diário o padre responsável pela crônica do santuário.

Apesar do apoio explícito às tropas paulistas, os padres alemães e também alguns austríacos que desde 1895 comandavam o santuário pretendiam mostrar aos aviadores do Governo Federal que aquele era terreno neutro. Pediram a intervenção do embaixador alemão no Brasil, que conversou com um ministro e deu aos padres a sugestão, imediatamente seguida, de colocar bandeiras da Alemanha no alto dos prédios religiosos.[21] E as bombas que formavam crateras com dois metros de diâmetro caíram ao redor, mas não na basílica ou no Colegião.

Dia e noite, no entanto, às margens do mesmo rio Paraíba do Sul onde a imagenzinha fora encontrada em 1717, ouviam-se os canhões e as metralhadoras. A trinta quilômetros dali, uma ponte sobre o Paraíba era destruída num bombardeio. Os padres escapavam das balas. E, em seu nicho de mármore, a oitocentos metros do Colegião, na basílica de Aparecida, a santinha corria perigo.

Ainda que as tropas federais não estivessem atacando os padres, o arcebispo de São Paulo não quis pagar para ver: mandou um emissário até lá para esconder a santinha.

Foi numa hora em que a basílica estava vazia. Ninguém percebeu a movimentação. Tiraram a imagem do altar, colocaram uma réplica no lugar e o emissário do bispo levou a santinha verdadeira para São Paulo. Padres do santuário foram contra, não gostavam de ficar longe de Aparecida. "Apesar dos nossos protestos, isto se realizou. Trocou-se a imagem por uma outra."[22]

À noite, para não ser alvo fácil dos aviões federais, a cidade de Aparecida ficava às escuras. E, numa dessas noites, o trem finalmente partiu para São Paulo levando os seminaristas.

Quando eles voltaram ao Colegião, em outubro de 1932, a guerra havia terminado, e tropas federais marchavam sobre a cidade. "Aparecida amanheceu com suas ruas desertas e silenciosas. Apenas se ouviam o tropel dos cavalos e o ronco dos caminhões dos soldados da ditadura que iam penetrando na cidade", registrou o padre Morgado.

Morgado viu cantis, capacetes e granadas pelo chão. Os soldados de Getúlio tinham deixado por lá muita carne-seca, que servia de alimento mas pouco a pouco foi apodrecendo e dando dores de barriga nos seminaristas.

As tropas paulistas tinham sido derrotadas, mas o santuário de Aparecida estava seguro. Os padres redentoristas receberam garantias de que as tropas federais não fariam nada contra eles, "pois tinham ordens de respeitar Aparecida".[23]

Os padres foram gentis com os invasores, e vice-versa. "Mesmo com a vinda das autoridades ditatoriais, tivemos aqui as atenções de todos, e assim não tivemos que recear persegui-ções etc. de ninguém."[24]

Pouco depois, o bispo mandou trazer a santinha que estava em São Paulo e a colocou de volta no altar da basílica. Fiel nenhum jamais imaginou que durante todo aquele tempo rezou-se diante de uma cópia da imagem sagrada.

Capítulo 32
A santa dos generais

Aparecida ficou sabendo do golpe militar de 1964 com três dias de antecedência. Se não a santa, pelo menos os padres de lá. Três dias antes da queda de João Goulart apareceu por aquelas bandas um político muito bem informado sobre os rumos do país. Um deputado que já havia assumido a presidência da República na condição de interino e que acreditava numa remota chance de ser conduzido definitivamente ao cargo máximo da vida pública brasileira. Bastava só uma ajudinha dos céus.

Às seis horas do dia 29 de março, no domingo de Páscoa, o deputado Paschoal Ranieri Mazzilli chegou a Aparecida acompanhado da mulher e de um motorista. O filho de imigrantes italianos que enriquecera durante os anos de serviço público era o presidente da Câmara dos Deputados e foi recebido pelos padres com a devida circunstância que merecia um político do primeiro escalão de Brasília. Durante a missa, foi apresentado publicamente pelo padre Pedro Fré, que pediu a Nossa Senhora Aparecida para abençoar o deputado.

O deputado Mazzilli rezou. A missa não estava muito cheia naquele dia. No microfone, disse uma ave-maria e pediu que a santa protegesse o Brasil. Teria pedido também que ela o conduzisse à presidência? Provável. Certo é que o deputado garantiu aos padres que o "comunista" João Goulart estava com os dias contados. Tanto que o próprio Mazzilli havia cancelado uma viagem que faria à Europa. E a inestimável revelação fazia de Mazzilli quase um profeta dos novos tempos.

"A revolução vem aí!", escreveram os padres nas *Ânuas de Aparecida,* o diário onde, havia décadas, registravam os principais acontecimentos do santuário e, muito de vez em quando, do Brasil.

No dia seguinte, uma segunda-feira calma em que os padres não tiveram hora para acordar, o mesmo diário desdenhou do discurso derradeiro do presidente Jango no Rio de Janeiro. "Ajuntou-se nesse comício a fina flor da canalha esquerdista do Brasil", anotou o padre cronista. E a percepção era correta: o discurso na Central do Brasil, no Rio de Janeiro, seria considerado o último grande erro de João Goulart.

O interesse dos padres é ainda mais explícito pelo fato raro de abrirem um título à parte no diário para descrever o discurso. "Síntese desse comício: demagogia, ataques à Constituição, ameaças! [...] Mas toda essa baderna já está chegando ao fim, se Deus quiser!"

No dia 31 de março, véspera do golpe, os padres do santuário estavam atentos às notícias que vinham dos quartéis e dos gabinetes civis. Anotaram a movimentação dos militares golpistas em Minas Gerais e São Paulo, dando como certa a vitória deles, que seria vista ali como uma vitória de todos.

A SANTA DOS GENERAIS

Quando os redentoristas de Aparecida comemoraram o golpe, entenderam que era uma "vitória da revolução democrática contra o comunismo". E ainda agradeceram uma suposta ajuda da santinha: "Bendita seja a rainha do Brasil, Nossa Senhora Aparecida!" Em seguida, o padre que fez as anotações naquele 1º de abril se sentiu à vontade para uma pequena confidência: "Nós, padres pregadores, sempre, mas principalmente aos domingos, alertávamos o povo contra o comunismo a que o governo do senhor João Goulart nos estava levando."

Na madrugada do dia 2 de abril, quatro dias depois da reza do deputado Mazzilli aos pés de Aparecida, a sorte parecia mudar para ele. Numa cerimônia apressada, que décadas depois o jornalista Elio Gaspari descreveria como "bizarra", quando um dos participantes precisou até de fósforos para encontrar os caminhos pelo Congresso escuro e quase vazio, Mazzilli foi conduzido ao cargo de presidente do Brasil. Subiu brevemente ao olimpo nacional pelas mãos do presidente do Senado e do presidente do Supremo Tribunal Federal.

Mas nem a bênção dos chefes de dois poderes, nem o telegrama de felicitações enviado pelo presidente dos Estados Unidos, Lyndon Johnson, que reconhecia Mazzilli como novo presidente, nem as preces a Nossa Senhora Aparecida garantiriam a permanência daquela graça.

Na semana seguinte, a posse de Mazzilli seria considerada inconstitucional, e quem assumiria a presidência seria o marechal Humberto de Alencar Castello Branco, eleito indiretamente por um Congresso Nacional de luzes acesas.

219

Seria mesmo difícil para uma única Senhora atender a tantos pedidos diferentes, e muitas vezes contraditórios, num momento em que quase uma dúzia de homens rezava para alcançar a presidência. Mas os agradecimentos públicos à padroeira começavam a chegar.

Para o governador de São Paulo, Adhemar de Barros, a vitória da rebelião que derrubara o presidente João Goulart era um milagre de Nossa Senhora Aparecida.[25] O cardeal arcebispo dom Jaime Câmara abençoou a Marcha da Vitória pelas ruas do Rio de Janeiro atribuindo a derrubada do governo ao auxílio divino[26] obtido por Nossa Senhora e outros tantos protetores da pátria brasileira. Dias depois, o cardeal foi a Aparecida agradecer diretamente à padroeira.

Mas calma com o andor que a santa é de barro. Naquele momento, apoiar o golpe não significava que se desejasse uma ditadura, e muito menos as torturas e os assassinatos que chegariam com ela. Havia uma crença, bastante difundida aliás, de que os militares ficariam "esquentando a cadeira até a eleição do novo presidente, em outubro do ano seguinte".[27]

Pensando antes de tudo em afastar o comunismo, no início, a Conferência Nacional dos Bispos do Brasil apoiou o novo regime. A CNBB fora criada na década anterior com o objetivo maior de tirar da Igreja Católica e dos padres o ranço de quem viveu praticamente toda a sua existência no Brasil amarrado ao poder e à elite. Os cabeças da Igreja queriam, a partir de então, promover a justiça social no país. Mas, algumas semanas depois do golpe, 26 bispos assinaram um documento de quase louvação aos militares: "As Forças Armadas acudiram em tempo e evitaram que se consumasse a implantação do regime bolchevista em nossa terra [...] Agradecemos aos militares que, com grave risco de suas vidas, se levantaram em nome dos supremos interesses da nossa nação."[28]

O vigário de Aparecida, o padre Pedro Fré, foi pessoalmente a Ouro Preto na tentativa de fazer um convite ao novo presidente da República para participar da Marcha da Família com Deus pela Liberdade. A procissão já vinha sendo organizada antes da queda de João Goulart, mas agora virava uma celebração do enterro definitivo da ameaça comunista, uma festa para comemorar o que, ao que tudo indica, ingenuamente, os padres acreditavam ser uma vitória da democracia. Padre Fré não teve acesso a Castello Branco, mas deixou o convite com outro personagem central do golpe militar, o general Olímpio Mourão Filho.

Ocupados demais com o estabelecimento do novo regime, os militares recusaram gentilmente o convite dos padres de Aparecida. O presidente Castello Branco mandou um telegrama.

"Agradeço V. Revma. convite assistir missa ação de graças pela vitória democrática e comunicar-lhe impossibilidade comparecimento." Mandou duas sobrinhas e alguns representantes oficiais para agradecer à santinha de barro pelo apoio na varrida do comunismo.[29]

O repúdio ao comunismo era antigo entre os padres do santuário. Havia sido um dos oito motivos que em quase 250 anos de história tinham feito Nossa Senhora Aparecida sair de perto do rio onde foi encontrada.[30] Em 1945, a santinha viajara até a praça da Sé, em São Paulo, porque os padres queriam alertar o povo, e principalmente os operários, sobre os grandes riscos do comunismo. Vivia-se ainda a ressaca da Segunda Guerra Mundial, um momento em que o mundo se dividia entre comunistas e capitalistas, pró-soviéticos e pró-americanos. O comunismo não queria concorrência na disputa pelos corações e mentes, não gostava da Igreja Católica e, entre outras razões, por uma óbvia questão de reciprocidade, a Igreja não gostava do comunismo.

Houve outros motivos para as poucas viagens que a imagem sagrada fizera até então: a aclamação como padroeira, encontros católicos, a fuga das bombas durante a guerra civil de 1932 e, poucos anos antes do golpe militar, em 1960, a inauguração de Brasília. Mas, agora, a imagem recebia um convite irrecusável, assinado, entre outros, pelo novo presidente da República, o marechal Humberto de Alencar Castello Branco: percorreria o Brasil inteiro, com tudo pago pelo Tesouro Nacional.

O convite era muitíssimo sedutor. Vindo de quem vinha, quase uma ordem. O marechal Castello Branco, o vice--presidente e o governador de Minas Gerais enviaram não um papel, mas um pergaminho, medindo 86 centímetros, escrito à mão, com caneta-tinteiro, assinado pelas três autoridades, pedindo aos padres do santuário que a padroeira do Brasil fosse levada "em triunfante peregrinação às capitais de todos os estados do Brasil, sendo em Brasília aclamada generalíssima das gloriosas Forças Armadas Brasileiras".

Em seguida, fez-se um anúncio público pela rádio de Aparecida. O que gerou uma reação ao mesmo tempo orgulhosa e incômoda, registrada assim no diário dos padres: "A visita de N.

A SANTA DOS GENERAIS

S. Aparecida ao Brasil [...] unirá mais o povo católico brasileiro, a padroeira tornar-se-á mais conhecida; o comunismo perderá talvez bastante terreno etcétera. Mas a saída [...] será o maior castigo para a cidade de Aparecida."[31]

Como os próprios padres percebiam, a imagem sagrada, que poderia fortalecer o novo regime e assim combater o comunismo, era fundamental para o comércio da região. Achava-se que, ainda que a exposição da santinha pelo país fosse uma ótima propaganda a longo prazo, na ausência dela, os romeiros temporariamente deixariam de viajar até lá. E isso era ainda mais grave porque "o povo está estourado, os bancos restringindo os créditos [...] e agora chega maio, quando o povo esperava pagar suas dívidas, levam embora a imagem, que é o ganha-pão do povo... e por mais de um mês!".[32]

O povo, nas palavras do padre que naquele momento escrevia o diário de Aparecida, eram os comerciantes locais, que dependiam da fé alheia e do turismo que ela gerava para sobreviver.

A situação realmente ficou tensa. Num telefonema anônimo, algum representante do povo ameaçou incendiar tudo o que pertencia aos padres e à Igreja caso a imagem fosse tirada de Aparecida. O delegado da cidade mandou seus policiais cercarem os prédios do santuário e garantiu, em 3 de maio de 1965, a primeira viagem da santa nos tempos da ditadura.

"Descontentamento há, e muito grande, mas tudo está em paz", anotaram os padres.

Fica claro pelo tom dos comentários que aqueles que escreviam o diário tinham uma visão muito mais imediatista,

223

mais preocupada com consequências locais do que aqueles que dirigiam o santuário e pensavam nos benefícios em longo prazo de uma peregrinação nacional.

Aparecida partiu para Minas Gerais e voltou ao santuário. Depois, foi viajar pela Bahia e retornou. E, assim, os padres foram se acostumando com a rotina de peregrina de sua santinha, até então tão exclusiva deles e do povo que viajava para vê-la. Anotaram no diário que os romeiros nem sequer percebiam que era uma réplica que estava no lugar da padroeira no nicho dourado no alto da igreja.

Em apenas seis anos, o número de visitas anuais ao santuário aumentou 77%. De 903 mil, em 1968, para 1,6 milhão, em 1973. Era a ditadura assustadora que estava levando mais gente a pedir a ajuda de Deus? Ou era a viagem de Aparecida que estava tendo o efeito esperado pelos padres e atraindo mais e mais romeiros ao santuário paulista? É provável que as duas coisas estivessem colaborando para o crescimento impressionante no número de brasileiros querendo se ajoelhar aos pés da santa.

Entre idas e vindas, de 1966 a 1968, a imagem de barro percorreu 45 mil quilômetros e passaria 508 dias em viagem. No ano seguinte, 1969, viajou ainda mais alguns dias e, no fim, esteve em mais de 1.300 localidades pelas cinco regiões do Brasil. Durante esse trajeto, os padres que a acompanhavam registraram um número impressionante de comunhões: 1,5 milhão. Sem contar que, enquanto viajava, Nossa Senhora Aparecida ajudava muito na arrecadação de fundos para a obra de seu novo santuário.

A julgar pelo diário, os padres redentoristas de Aparecida acabaram se desinteressando da ditadura militar. Existem muitas referências à Copa do Mundo de 1970 e ao tricampeonato conquistado pela seleção brasileira de futebol, mas não há nas crônica do santuário qualquer manifestação contra as torturas e os assassinatos que os militares cometiam naquele período.

Fora de Aparecida, padres católicos assumiram a liderança no combate às atrocidades. Muitos foram presos. Muitos foram torturados e mortos. E a Igreja Católica se tornou a maior oposição organizada à ditadura militar. A tal ponto que cinco cardeais, entre eles o arcebispo de Aparecida, foram a Brasília depois da posse de Ernesto Geisel tentar impor um freio às atrocidades.

A ditadura ficaria por 21 anos, de 1964 a 1985, e nesse período os padres de Aparecida terminariam a obra gigantesca do santuário. Naquele tempo estranho, a julgar pelo diário, viveu-se ali muito mais preocupado com a obra e com os romeiros que chegavam em números cada vez maiores do que com as atrocidades dos generais.

Capítulo 33

A grande obra

O bispo que fez a promessa de construir a nova basílica de Aparecida morreu num acidente de avião, a poucos minutos do Rio de Janeiro. Só se falava nos horrores da Segunda Guerra Mundial, mas "O Trágico Desastre Ocorrido com o Avião da Vasp" foi a manchete da primeira página do *Jornal do Brasil* em 28 de agosto de 1943.

O pequeno avião que decolara de São Paulo às 7h45 da sexta-feira, dia 27, enfrentou um forte nevoeiro na chegada ao Rio. Ainda fez algumas voltas ao redor do aeroporto Santos Dumont à espera de um momento melhor para o pouso, mas, perto das 9h15, numa descida em espiral, uma das asas do avião esbarrou no edifício da Escola Naval e a asa se desprendeu do aparelho. Caíram todos no mar e ali, ao lado da ilha de Ville-gagnon, onde ficava a escola,[33] morreu o sonho de se começar logo a obra da nova igreja.

Três pessoas sobreviveram. O segundo arcebispo da história de São Paulo, dom José Gaspar de Afonseca e Silva, no entanto, estava entre os dezoito mortos. Na pasta que o bispo levava para o Rio de Janeiro viajava a minuta da escritura do terreno que ele pretendia comprar no morro das Pitas para construir a nova basílica de Aparecida.[34]

Fazia já quatro anos que dom José Gaspar visitava Aparecida tentando lançar a pedra fundamental da obra. Chegou a decidir que a basílica ficaria no morro do Cruzeiro, mas os moradores dos terrenos que seriam desapropriados disseram que não venderiam um palmo sequer. Depois, encontrou novo lugar, no morro das Pitas, a pouco mais de trezentos metros do rio Paraíba do Sul, onde a imagenzinha de barro aparecera, cabeça separada do corpo, lá no século XVIII.

Dois anos depois daquele acidente de avião, o chefe do bispo Gaspar, o recém-nomeado cardeal dom Carlos Carmelo, visitou Aparecida e anunciou que a obra deveria começar a qualquer momento. Mas o Brasil vivia uma ditadura e aquela obra não sairia do papel se não tivesse a assinatura do interventor de São Paulo, o equivalente ao governador do estado, nomeado pelo ditador Getúlio Vargas. O envolvimento público nos assuntos da Igreja era tanto que algumas reuniões sobre o projeto da basílica aconteciam no palácio dos Campos Elíseos, na época, a sede do governo de São Paulo.

Em 1946, quando ainda não se tinha colocado a primeira pedra da igreja nova, a imagem de Nossa Senhora Aparecida foi levada em procissão ao morro das Pitas. As crianças da vila correram para ver o momento solene. Entre elas, o menino Alexandre Dumas Pasin, então com nove anos. Mais de seis décadas depois, ele ainda se lembraria de um fato curioso que aconteceu logo depois daquela procissão.

Era algo como o conto do vigário atrevido. O vigário Antônio Pinto de Andrade era paulista, passara bons anos na Alemanha e queria ver a igreja construída logo, sem desperdício de dinheiro ou tapeação. Percebia que o santuário de Aparecida arrecadava bastante com a justificativa de usar esses valores para a obra da nova basílica, mas nada acontecia. Como se fosse possível resolver o problema com as próprias mãos, o vigário juntou o povo, contratou carroceiros e operários, pegou a enxada e começou a tirar terra do morro das Pitas.

O padre e seus operários improvisados pretendiam deixar tudo plano para que se colocasse não só a primeira pedra, como já haviam feito, mas também a segunda, a terceira, os tijolos e o que mais se fizesse necessário para tirar a obra da promessa.

"Ele era ingênuo, né?", diria muito mais tarde o ex-seminarista que, por questionar os caminhos da Igreja, acabou desistindo de ser padre. "Ele foi punido. Pegaram o padre e mandaram ele embora", completou Alexandre Dumas Pasin, sem precisar fazer nenhum esforço para relembrar tempos remotos e, para ele, saudosos. O vigário Antônio de Andrade foi mandado embora de Aparecida, e a obra continuou na promessa.

Em 1952, a santinha Aparecida foi levada em procissão até o terreno vazio e ali, diante do barro e do sonho distante, celebrou-se a primeira missa. "Às dezesseis horas, em solene procissão, a imagem milagrosa foi conduzida à colina da futura basílica", escreveram os padres, inaugurando o Livro do Tombo, uma espécie de diário que toda igreja deve ter.

Dois anos depois, o córrego que passava aos pés do morro das Pitas tinha sido canalizado, e os meninos do seminário,

Alexandre entre eles, passaram a brincar em meio aos dutos de quase três metros de diâmetro. Mais de uma década depois da morte trágica de dom José Gaspar, ainda não se via uma única parede da futura igreja.

A primeira pedra havia ficado tão distante que foi preciso fazer uma nova cerimônia. E a nova pedra fundamental foi abençoada pelo padre Antão Jorge Hechenblaickner, na época, reitor do santuário. Padre Antão foi um daqueles personagens honestos, bravos e ousados que de tempos em tempos surgiram para sacudir o santuário de Aparecida.

Depois de trabalhar com o cardeal Leme para que a santinha fosse feita padroeira do Brasil, em 1930, padre Antão pegou em armas para defender São Paulo na Revolução Constitucionalista de 1932, e agora usava as palavras para defender o santuário. Padre Antão era um missionário austríaco obstinado, tão disposto a levantar a nova igreja que escreveu mais de cem cartas a senadores, deputados e ministros de Estado pedindo dinheiro para a obra.

A justificativa do santuário para os potenciais doadores aparece de forma bastante clara num documento divulgado pelos padres. "Qual o cathólico digno desse nome, e podemos assim mesmo acrescentar, qual o habitante dessa terra generosa e hospitaleira, que se negará a contribuir com seu pequeno tributo para fim tão importante, tão sympathico e tão justo?"[35]

Padre Antão conseguiu que o próprio presidente Getúlio Vargas autorizasse a doação de 10 milhões de cruzeiros. Era metade do dinheiro que se estimava necessário para a construção da cripta da basílica. E o argumento para se usar dinheiro de um Estado supostamente laico para uma obra religiosa era, principalmente, que as atuais instalações do santuário, "além de pequenas e precárias, são impróprias para receber tão avultado número de pessoas, e muito mal impressionam o visitante estrangeiro, resultando em desprestígio do país".[36]

O decreto-lei do Governo Federal que justificava as doações de dinheiro público considerava a obra da nova basílica como sendo de interesse nacional. Concedia à arquidiocese de Aparecida isenção de impostos e outros favores legais, como o direito de desapropriar terras quando fosse necessário.

A igreja pedia dinheiro também aos fiéis.

"Se cada católico der um cruzeiro anualmente, em pouco tempo teremos a obra terminada. [...] Nossa Senhora espera a tua contribuição! Tu darás à Nossa Senhora um pequeno óbulo e [ela] te dará uma grande bênção", dizia o documento em que o bispo auxiliar de São Paulo explicava a obra e justificava o pedido por doações.[37]

No ano seguinte, em 11 de novembro de 1955, às dez horas, os operários do arquiteto Calixto misturaram a massa que faria as primeiras colunas da primeira nave da igreja. "Após longos e dispendiosos preparativos, chegou a hora feliz dos trabalhos positivos da construção da nova basílica",[38] anotou o padre Antão.

O projeto era ambicioso: uma igreja com 173 metros de comprimento, grande o suficiente para se tornar a segunda maior basílica do mundo, menor apenas do que a de São Pedro, no Vaticano.

Mas a ousadia era só essa. O engenheiro e arquiteto Benedito Calixto de Jesus Neto não faria nenhuma inovação arquitetônica. Aliás, nem sequer inventaria muita coisa. Viajara para os Estados Unidos, e lá havia encontrado suas melhores ideias. Sem que jamais se revelassem os motivos, o autor do projeto da basílica de Nossa Senhora da Conceição Aparecida se inspirou profundamente no desenho da basílica de Washington, dedicada a Nossa Senhora da Conceição, a padroeira dos Estados Unidos.

O arquiteto americano projetara uma obra genuinamente americana. O arquiteto brasileiro, aparentemente, também. Mas com algumas alterações. A basílica brasileira seria, do ponto de vista do acabamento, mais simples, e apesar de ter a torre à direita, e não à esquerda, ficaria ainda muito parecida com a original americana.

Quando foi apresentar o projeto aos padres, o arquiteto Calixto levou um susto. O assistente dele, o italiano Julio Fabro, tomou a palavra para dizer que havia desenhado a igreja praticamente sozinho, sem o chefe. Foi demitido na hora. E o projeto seguiu seu caminho até o Vaticano, onde foi definido como genial.

A Comissão Pontifícia de Arte Sacra da Santa Sé gostou muito do que viu. Especialmente da maneira como as capelas tinham sido alinhadas, "inseridas como uma cruz de Santo André nos braços da cruz grega formada pela nave e o transepto da basílica". Nenhuma referência à incrível semelhança com a basílica de Washington.

Quem assinava o parecer, em carta enviada em junho de 1949 ao cardeal dom Carmelo Motta, era o doutor Deoclécio Redig de Campos, o brasileiro que no futuro, quando a santinha fosse quebrada em mais de duzentos pedaços, voltaria a ter papel decisivo na história de Aparecida.

Dez anos depois da carta do doutor Redig aprovando o projeto, em 1959, a primeira nave da basílica recebeu cimento suficiente para chegar aos quarenta metros de altura. A estrutura de aço que sustentava a torre principal fora construída pela Companhia Siderúrgica Nacional e doada ao santuário pelo Governo Federal. Em troca, pelas 1.425 toneladas de ferro, o presidente Juscelino Kubitschek conseguiu que a torre fosse batizada com o nome de Brasília, a cidade que ele estava quase acabando de construir.

Nessa época, mesmo com as obras longe de terminar, a santinha começou a fazer as primeiras viagens à sua nova casa. Seria assim por quase trinta anos. Ora na basílica velha, ora nas áreas que já estavam prontas da basílica inacabada.

A obra era cara, e caminhou ainda mais lentamente porque, ao longo de cinco anos, 20% das doações que chegavam a Aparecida eram repassadas à Conferência Nacional dos Bispos do Brasil. Os padres reclamaram, a contribuição baixou para cinco por cento, e a obra voltou ao ritmo normal.

A cúpula do santuário só ficou pronta em 1970, na mesma época em que os romeiros começaram a usar o imenso subsolo da nova igreja para descansar, comer e, depois de rezar aos pés da santinha, voltar para a estrada.

Mais uma vez o Governo Federal ajudou, e com dinheiro do Departamento Nacional de Estradas de Rodagem construiu-se uma passarela de 392 metros de comprimento para ligar a basílica velha à basílica nova. Foi chamada de Passarela da Fé.

A GRANDE OBRA

Em 1972, depois de dezessete anos comandando a obra da basílica, o arquiteto Benedito Calixto Neto morreu. Os padres chamaram um engenheiro para assumir o lugar dele e tocaram a obra por conta própria. Compraram guindastes e máquinas para construir o que faltava sem gastar fortunas contratando empreiteiras.

A quarta e última parte do novo santuário estava quase pronta quando se confirmou a viagem do papa João Paulo II ao Brasil. Nunca um papa estivera no país, e tão cedo não haveria outra oportunidade como aquela. A inauguração da igreja que copiava a basílica americana seria, por mera questão de agenda do papa, no dia 4 de julho.

233

Capítulo 34

Seis horas em Aparecida

Às 9h35 de 4 de julho de 1980, depois de percorrer meio Brasil, o homem cansado desceu do céu e pousou bem na frente do templo inacabado. Eram os primeiros passos de um papa no santuário que os brasileiros haviam passado dois séculos e meio construindo para a imagem de barro batizada de Aparecida. João Paulo II saiu do helicóptero, cumprimentou os bispos e foi pelas ruas em carro aberto para saudar o povo que lotava as arquibancadas nos arredores do templo.

Pouco antes, como era costume, a santinha havia saído da basílica velha em procissão, passado por aquela mesma esplanada e recebido aplausos com a euforia que se via agora diante do chefe da Igreja. Desorganização, desinformação sobre o fechamento de estradas e um policiamento exagerado fizeram muita gente desistir da viagem. Trens rodaram vazios durante a madrugada. E, pela manhã, aproximadamente 200 mil passageiros desembarcaram na estação ferroviária de Aparecida. Esperava-se mais de um milhão de fiéis, mas pouco mais de 400 mil conseguiram chegar.[39] Nas palavras de um dos jornalistas que escreveriam sobre a visita no dia seguinte, era a "mais fria e menos concorrida das escalas do papa"[40] em terras brasileiras.

Quando João Paulo II subiu ao altar da igreja e vestiu as roupas apropriadas para a missa solene, quatro crianças conseguiram furar o bloqueio e se aproximaram dele, ofegantes.

"Seu papa, vem cá!", gritou Renata Maria.[41] O papa beijou as crianças e disse palavras que elas não entenderam. Em seguida, num imprevisto que atrasaria todo o cronograma, se viu diante de uma típica fila de autoridades, políticos que aproveitaram a vantagem do cargo para beijar a mão que milhões de brasileiros gostariam de beijar. Entre os seiscentos políticos que ficariam a apenas dez metros do papa, destacava-se um dos corruptos mais famosos da história de São Paulo, o governador Paulo Maluf.

Coisas brasileiras. O povo que esperasse o beija-mão dos políticos! Depois ainda houve um tumulto causado por aqueles que não estavam na lista do beija-mão. Padres, que tinham quatrocentos lugares reservados à direita do altar, começaram o empurra-empurra, tentando se aproximar do papa, querendo tocar no papa. Soldados fizeram como de costume e partiram com violência para cima dos invasores, que àquela altura já tinham recebido o reforço de políticos e jornalistas. Um coronel irritado lembrou que o Brasil ainda não tinha se livrado da ditadura militar. "*Voltem aos seus lugares! Caso contrário vou precisar tirar gente daqui.*"[42]

O papa, aparentemente, não perdeu o entusiasmo. Incensou, consagrou o novo templo e, antes mesmo do fim da obra, o promoveu à categoria de Basílica Menor. "Não cesseis, ó

Virgem Aparecida, pela vossa mesma presença, de manifestar nessa terra que o amor é mais forte que a morte, mais poderoso que o pecado."

Era um belo começo.

Depois de uma obra arrastada que levara mais de quarenta anos para sair da promessa, o templo inacabado, como num passe de mágica, era inaugurado com a bênção do papa mais carismático de que se tinha notícia até então.[43]

João Paulo II estava muito bem informado sobre os acontecimentos do santuário. Sabia perfeitamente que em 1978 um jovem que se dizia atormentado por um anjo havia atacado e destruído a santinha. O papa disse à multidão algo que, aparentemente, lhe fora confidenciado pelos padres. "Contaram-me que entre os mil fragmentos foram encontradas intactas as duas mãos da Virgem unidas em oração."

O papa vira naquelas mãos juntas um simbolismo e também uma oportunidade. "As mãos postas de Maria no meio das ruínas são um convite a seus filhos a darem espaço em suas vidas à oração."

De costas para o novo templo, de frente para o povo, no pátio que seria batizado com seu nome, o papa repetiu o que vinha dizendo: a passagem pela capital espiritual do Brasil era um dos instantes mais importantes de sua visita. "É um momento particularmente emocionante [...] tenho meu primeiro encontro com a Senhora Aparecida."

O papa polonês beijou e ergueu a imagem na direção dos céus, reproduzindo o gesto histórico que havia mais de duzentos anos os padres repetiam ao se aproximar da santinha. Era o mesmo gesto que o povo fazia às escondidas, quando o templo de Aparecida era só a capelinha simples do padre Vilella, lá pelo ano de 1760.

Quase no fim da homilia, o papa polonês reforçou a crença popular de que Aparecida é uma Conceição de pele negra, ou morena. "Senhora Aparecida, um filho vosso que vos pertence sem reserva [...] lembra com emoção, pela cor morena desta vossa imagem, uma outra representação vossa, a Virgem Negra de Jasna Góra!" A santinha milagrosa dos poloneses é uma pintura sobre madeira talhada. Como Aparecida, a virgem de Jasna Góra nasceu branca e ficou escura, muito provavelmente por causa da fumaça das velas.

Os imprevistos, a desorganização e o assédio atrasaram a chegada do papa ao lugar que acabava de testemunhar alguns dos momentos mais tensos da história de Aparecida. No mesmo Colegião, onde apenas um ano e meio antes o padre Izidro arranhara o olho da santinha até sangrar, onde depois pintara a santinha com a cor de canela que jurava ser a cor original da imagem, naquele mesmo prédio belo e gigante do seminário Santo Afonso onde Aparecida recentemente passara 28 dias escondida no quarto de Izidro, o chefe da Igreja Católica parou. Mas não pôde descansar.

Os padres de Aparecida haviam mandado reformar um quarto e o decoraram com as cores oficiais do Vaticano. Apesar disso, o belíssimo aposento não ouviu um único ronco papal. João Paulo II entrou, viu a cama onde deveria dormir por algumas horas, e saiu, acompanhado do cardeal dom Carlos Carmelo de Vasconcelos para almoçar ao lado de mais de cem padres e seminaristas. E apenas seis horas depois do desembarque, às três e meia da tarde, deu adeus a Aparecida!

Quando o papa já estava longe, depois do momento mais solene em seus 263 anos de história, a santinha voltou ao antigo nicho no altar de mármore na basílica velha. A igreja que João Paulo II inaugurara não estava pronta para recebê-la em definitivo. Só dois anos mais tarde, depois de inúmeras procissões entre uma basílica e outra, entre a velha e a nova, o maior símbolo da fé católica brasileira descansaria em sua casa de ouro e vidro à prova de balas, a quatro metros do chão reluzente daquele templo gigantesco.

Capítulo 35

Bento, o santo e a santa

Aparecida acabou se tornando rotina nas viagens papais. Os dois homens que assumiram o comando do Vaticano depois de João Paulo II, o alemão sem carisma e o argentino gente boa, pouco depois de vestirem seus anéis de São Pedro já estavam beijando a santinha.

Talvez tenham se visto na obrigação de visitar o maior santuário brasileiro na tentativa de enfrentar a feroz concorrência dos evangélicos. Talvez a imagem de barro reconstruída dos pés à cabeça, depois de ter sido destruída por um evangélico, tivesse o poder de operar o milagre da reconquista dos pedaços de Brasil perdidos pela Igreja católica.

O papa Bento XVI fez uma visita muito mais longa e cheia de homenagens do que seu antecessor carismático, e um dos objetivos era justamente encontrar saídas para a redução preocupante no número de fiéis. Na década que se passara entre a última visita de João Paulo II ao Brasil, em 1997, e o desembarque de Bento XVI, em 2007, a queda tinha sido de dez pontos percentuais, baixando para 64% o número de brasileiros que se declaravam católicos; enquanto aumentava, na mesma proporção, o número de evangélicos.[44]

Era preciso "exortar os bispos a não medir esforços para resgatar católicos",[45] diria o papa alemão, primeiro aos padres brasileiros, e depois numa conferência com os chefes da Igreja na América Latina e do Caribe.

No terceiro dia de visita, numa missa para 800 mil pessoas no Campo de Marte, o papa rezou diante de uma imagem gigante daquele que se tornava, por decisão dele, o primeiro santo brasileiro. O frei Antônio de Sant'Ana Galvão era mais um símbolo da fé brasileira nascido às margens do rio Paraíba do Sul, apenas duas décadas depois do encontro da imagem de Aparecida naquelas mesmas águas. E tinha outra coincidência entre o santo frei e a santa imagem: frei Galvão era parente de José Correia, o dono da fazenda de onde saíram os pescadores que encontraram a imagem. Aproximando-o ainda mais de Aparecida, o casamento de seus pais foi feito pelo mesmo padre Vilella que oficializou o culto da santinha em 1743.

O papa Bento XVI entregou a hóstia sagrada ao menino Enzo, de sete anos, que pela crença dos parentes só sobreviveu porque sua mãe, apesar de ter má-formação do útero, tomava as milagrosas pílulas de frei Galvão.

Como o Brasil já tinha seu primeiro santo, era hora de dar atenção à santa que, afinal, era a dona da casa. Na noite de 11 de maio de 2007, o papa chegou a Aparecida e inaugurou o quarto que, em suas seis horas de visita, João Paulo II, quase três décadas antes, mal tivera tempo de olhar.

Gesto bonito: o papa chegou trazendo uma rosa para a Senhora brasileira. Uma rosa de ouro, como a que Leão XIII deu à princesa Isabel depois que ela aboliu a escravidão, como a que muitos outros papas deram a reis e rainhas e outros cristãos importantes, e, mais recentemente, aos principais santuários do mundo. Era a segunda rosa oferecida por um papa a Aparecida,[46] a primeira entregue pessoalmente.

No último dia de visita, em seu discurso ao povo brasileiro, Bento XVI criticou o capitalismo, o aborto e os evangélicos que vinham tomando espaço da Igreja Católica na maior nação católica do mundo.

À tarde, longe do povo, o papa abriu a conferência que reuniria os bispos da América Latina e que terminaria com a construção de um texto doutrinário divulgado aos padres do mundo inteiro como Documento de Aparecida. Mais tarde, quando já havia sido feito cardeal por Bento XVI, o arcebispo de Aparecida, dom Raymundo Damasceno Assis, diria que aquele documento havia provocado um aumento nas visitas de peregrinos estrangeiros ao santuário. Aparecida, nas palavras do cardeal, tinha se tornado "uma marca, vamos dizer assim entre aspas, uma marca no mundo da igreja".[47]

Naquela importante conferência, a quinta da história, entre os 176 cardeais e bispos que discutiam o futuro da Igreja estava um que, muito em breve, voltaria a Aparecida. Seis anos depois, diante da renúncia de Bento XVI, o cardeal de Buenos Aires, Jorge Mario Bergoglio, foi eleito para assumir o posto máximo da Igreja Católica. E o primeiro destino do papa Francisco foi justamente o Brasil.

Capítulo 36

O papa argentino e a santa brasileira

A visita havia sido marcada com anos de antecedência, e Bento XVI é quem viajaria, se não tivesse renunciado. Quando surpreendeu o mundo ao ser eleito pelos colegas de conclave, em março de 2013, o cardeal argentino Jorge Mario Bergoglio foi informado de que sua primeira viagem internacional seria justamente para o Brasil.

Bergoglio acompanhou de perto os passos de Bento XVI e tinha ciência de que o sucessor dele deveria participar de um encontro com jovens no Rio de Janeiro, a Jornada Mundial da Juventude. O novo papa, o primeiro de nome Francisco, fez um pedido particular: queria aumentar a viagem, permanecer por mais um dia no país para que pudesse visitar Aparecida.

Seria uma visita muito diferente da anterior, quando o jesuíta argentino ficou só na plateia. Quatro meses depois de sua eleição, no primeiro compromisso da agenda brasileira, Francisco pegou um avião do Rio para São José dos Campos e, de lá, voou de helicóptero até Aparecida.

Fazia muito frio no interior de São Paulo, e o povo que o esperava tinha passado a noite tomando chuva, congelando em frente à basílica.

Ambulância.

Gente desmaiada no hospital.

Mais uma vez, multidão papal.

Duzentas mil pessoas pegaram ônibus e carros para ir até o santuário, mas só 15 mil privilegiados poderiam assistir, de dentro da igreja, à missa com o papa, aliás, um papa adorável.

Os outros milhares de fiéis se contentariam com os acenos e beijos do lado de fora. Com Francisco, não se repetiria o beija-mão de políticos enfrentado por João Paulo II, nem haveria presentes inesquecíveis, como a rosa de ouro trazida por Bento XVI. O papa simples estava em Aparecida porque queria estar na "casa da Mãe de cada brasileiro". O argentino também queria ser brasileiro. Ou, pelo menos, fazia o possível para afastar qualquer sombra de rivalidade. "Vocês já têm um Deus brasileiro, queriam um papa brasileiro também?", brincou durante uma entrevista enquanto voava para o Brasil.

Antes de se dirigir ao povo de Deus e de Aparecida, no interior da igreja, o papa foi ver a santinha. Parou diante dela por alguns instantes, ficou em silêncio, e a tocou. Na missa, o terceiro papa a visitar o Brasil, o terceiro a erguer a santa, fez o mesmo que praticamente o Brasil inteiro repetiu ao longo de três séculos: um pedido.

"Ó Maria Santíssima, pelos méritos de Nosso Senhor Jesus Cristo, em vossa querida imagem de Aparecida, espalhais inúmeros benefícios sobre todo o Brasil."

O beijo na santinha, durante a missa, seria a capa de jornais brasileiros no dia seguinte. Mas o papa gente boa queria aplausos. Não para ele. Queria que o povo aplaudisse a imagem de 36 centímetros, o maior símbolo da fé brasileira. E o povo aplaudiu.

No fim da missa, em palavras improvisadas, Francisco pediu desculpas ao público porque não falava "brasileiro". Em seguida, achou que não estava sendo compreendido em seu espanhol portenho e quis conferir. "A ver... Ahora me voy a dar cuenta si me entienden, les hago una pregunta: ¿Una madre se olvida de sus hijos?" O povo respondeu que não, claro que Maria não esqueceria de seus filhos brasileiros, pois era justamente por acreditar que Nossa Senhora Aparecida olhava por eles que os fiéis haviam transformado aquele pedaço do Brasil no maior santuário mariano do mundo. Mas que ninguém se esquecesse, a recíproca era verdadeira. Ao longo de três séculos, o Brasil jamais havia se esquecido da santinha de barro, a imagem aparecida nas águas do rio Paraíba do Sul, que passou seus primeiros anos numa capelinha na beira da estrada, que perdeu a cabeça inúmeras vezes até ser quase completamente destruída por um fanático. Aquela que, antes e depois de ser reconstruída, de tão simbólica, muitas vezes foi parte importantíssima da história do Brasil.

Francisco deu um recado naquele pequeno discurso improvisado no fim da missa. "Que Nossa Senhora Aparecida os proteja. Adeus. Até quando eu voltar, em 2017!"

Quando o Brasil começasse a comemorar o tricentenário de sua santinha padroeira, no final de 2016, ficaria sabendo que, lamentavelmente, o mundo andava tão estranho e o papa tão cheio de atribuições que não poderia fazer a prometida visita.

Mas, muito antes disso, o papa Francisco voltou a Aparecida. Não falou em "brasileiro" nem em espanhol, e não veio pessoalmente. Apareceu num telão gigantesco, colocado no altar da basílica. A mensagem, em italiano, era porque mais uma vez o Brasil celebrava o dia de sua padroeira, no Doze de Outubro que o calendário oficial escolhera para a festa religiosa.

Ao som da *Primavera*, de Vivaldi, um grupo de doze moças fez uma coreografia com figuras de araras e outros pássaros brasileiros, enquanto a imagem entrava num andor moderno, colorido, sobre rodas, empurrado por quatro homens bem-vestidos, dois negros e dois brancos, numa cena que, no melhor dos sentidos, lembrava a entrada de uma pequena alegoria de Carnaval.

A imagem que o padre recebeu e beijou, na igreja mais uma vez lotada, não era a verdadeira. Era uma das muitas réplicas de Aparecida que, desde o atentado de 1978, vêm sendo usadas em cerimônias públicas. Exatamente igual à que se vendia por trezentos reais na loja oficial do santuário.

Enquanto o povo se emocionava com o espetáculo, entre Vivaldi e as palavras do padre, a santinha verdadeira repousava num dos pontos mais altos da igreja gigantesca, em seu cofre de ouro, protegida pelo vidro à prova de balas que se fez necessário depois do ataque. Ali, os fiéis passavam e se ajoelhavam para agradecer e pedir, exatamente como fizera o pescador Felipe, diante do altar de madeira, à luz das velas, nos primeiros dias dessa história brasileira. Três séculos depois de aparecer, feia, enlameada e quebrada, a rainha havia se tornado importante demais para correr qualquer tipo de risco.

Notas

Atentado e mistérios: o renascimento

1 *Folha de S.Paulo*, 18 de maio de 1978, p. 15.

2 Ânuas de Aparecida, 1978, APPJB (arquivo pessoal do padre Júlio Brustoloni).

3 Jornal *O Globo*, 21 de maio de 1978.

4 *Folha de S.Paulo*, 18 de maio de 1978.

5 Em 1997, uma reportagem mostraria o depoimento do psicanalista Walcy Alves Souza Lima afirmando que Rogério Marcos sofria de esquizofrenia paranoide. "Ele tem delírios de percepção e interpreta o mundo como um inimigo (...) O atentado foi fruto da esquizofrenia." O médico afirma na reportagem que a doença de Rogério Marcos já existia no momento do atentado. – Já – *Diário Popular* – nº 49 – 12 de outubro de 1997.

6 ELIADE, Mircea. *História das crenças e das ideias religiosas*, vol. 3. Rio de Janeiro: Editora Zahar, 2011.

7 *Bíblia de Jerusalém*, Êxodo 19:20. São Paulo: Editora Paulus, 2011.

8 JOSEPHUS, Flavius. *Jewish Antiquities*. Cambridge: Harvard University Press, 1930.

9 Ânuas de Aparecida, 16 de junho de 1978, p. 286 – o relato do padre João Marcondes Guimarães, vigário da paróquia de São José dos Campos, foi feito aos padres de Aparecida.

10 Seguem os dez mandamentos católicos, conforme publicados no site do Vaticano: 1 – Adorar a Deus e amá-Lo sobre todas as coisas; 2 – Não invocar o santo nome de Deus em vão; 3 – Santificar os domingos e fes-

NOTAS

tas de guarda; 4 – Honrar pai e mãe (e os outros legítimos superiores); 5 – Não matar (nem causar outro dano, no corpo ou na alma, a si mesmo ou ao próximo); 6 – Guardar castidade nas palavras e nas obras; 7 – Não furtar (nem injustamente reter ou danificar os bens do próximo); 8 – Não levantar falsos testemunhos (nem de qualquer outro modo faltar à verdade ou difamar o próximo); 9 – Guardar castidade nos pensamentos e nos desejos; 10 – Não cobiçar as coisas alheias.

11 O relatório da restauração fala que eram três vasos "apulos", do século V a.C., quando gregos habitavam a atual região da Puglia, na Itália.

12 A padroeira da Argentina, Nuestra Senhora de Luján, é uma escultura brasileira, produzida em São Paulo na mesma época em que Aparecida foi esculpida. São "hermanas", as duas nascidas no Brasil. Outra curiosidade é que a fábrica da cola argentina que colou Aparecida fica na mesma região de Zelaya, onde está o santuário de Luján.

13 Relatório da Restauração, Masp, 31 de julho de 1978, nos Arquivos da Cúria Metropolitana de Aparecida – ACMA.

14 Ibidem.

15 Entrevista de Maria Helena Chartuni ao autor do livro.

16 Relatório da Restauração, Masp, 31 de julho de 1978, in ACMA; dia 18 de julho.

17 Segundo o padre Júlio Brustoloni, o termo "cera da terra" vem dos portugueses que o usavam em referência à cera da abelha Arapuá, típica do Brasil, em oposição à "cera do reino", que eles conheciam em Portugal.

18 As palavras do padre Izidro estão aqui conforme relatadas pela restauradora. Como se trata de um diálogo particular, e o padre Izidro morreu em 2011, é a única versão que podemos ter.

19 Relatório da Restauração, Masp, 31 de julho de 1978, in ACMA; p. 13.

20 A caixa foi construída na Alemanha, em 1909, pelo ourives Franz Ianner, que deixou sua assinatura na obra como *Päpstlicher Hof Goldschmied – Amberg-Bayern* (Ourives-mor papal, Amberg, Baviera), conforme detalhado nas Ânuas de Aparecida, em junho de 1978.

21 Ânuas de Aparecida, 1978.

22 João Paulo I morreria subitamente 33 dias depois de assumir o papado, sendo substituído pelo papa João Paulo II.

23 Ânuas de Aparecida, 1978, p. 314.

24 Já idoso, em retiro num convento em Aparecida, o bispo emérito dom Pedro Fré confirmou o teor desse diálogo numa conversa com o autor deste livro.

25 Em entrevista para este livro, padre Júlio Brustoloni.

26 Conforme descrição no diário, Ânuas de Aparecida, outubro de 1978.

APARECIDA

27 Ânuas de Aparecida, novembro de 1978.

28 Ânuas de Aparecida, outubro de 1978.

29 Colegião era o apelido do seminário Santo Afonso, também conhecido como Casa de Nossa Senhora, porque ali funcionava um asilo com esse nome. Hoje, o lugar passou a se chamar seminário Bom Jesus e abriga uma pousada, aberta a qualquer visitante. O prédio histórico perto da rodoviária de Aparecida continua sendo chamado de Colegião.

Identidade: Aparecida

1 *Bíblia de Jerusalém*, Evangelho Segundo São João, capítulo 2; editora Paulus.

2 SERRÃO, Joaquim Veríssimo. *História de Portugal*. vol. 5. Lisboa: Editora Verbo.

3 "Provisão Régia sobre o juramento a Nossa Senhora da Conceição como padroeira do reino; em 25 de março de 1646"; Museu Imperial, Portugal, arquivo 127/49.

4 SERRÃO, Joaquim Veríssimo. *História de Portugal*. vol. 5. Lisboa: Editora Verbo. p. 32 e seguintes.

5 HOLANDA, Sérgio Buarque de. *História Geral da Civilização Brasileira:* A época colonial I. vol. 2, 4. ed. Rio de Janeiro: Editora Difel, 1977. p. 57.

6 Carta de Pero Vaz de Caminha.

7 TIRAPELI, Percival (org.). *Arte sacra colonial*. São Paulo: Editora Unesp, 2001.

8 Ibidem, p. 48.

9 Ibidem, p. 46.

10 RIBEIRO NETO, Pedro de Oliveira. Conferência "A imagem de Nossa Senhora Aparecida", Jubileu de Ouro e Rosa de Ouro, 1970. Encontra-se nos Arquivos da Cúria Metropolitana de Aparecida.

11 Entre elas, uma Nossa Senhora da Purificação de quase um metro de altura, com os cabelos longos, com um menino Jesus no colo; e uma Nossa Senhora dos Prazeres, carregando um menino Jesus com cara de anjo. As esculturas citadas, até o término deste livro, estavam expostas no Museu de Arte Sacra de São Paulo.

12 É uma das muitas hipóteses infundadas levantadas por estudiosos, padres ou devotos para o motivo da quebra do pescoço da imagem antes de ser jogada ao rio.

13 TIRAPELI, Percival (org.). *Arte sacra colonial*. São Paulo: Editora Unesp, 2001. p. 37, 84 e 85.

NOTAS

14 O documento da ACMA afirma que outro comentário, o do Milagre do Escravo, foi acrescentado depois de 1857, e esta é a única referência que nos leva a concluir que os outros comentários, todos eles entre parênteses em meio ao texto original do relato de 1745, encontrado no Livro do Tombo da Paróquia de Santo Antônio de Guaratinguetá, foram adicionados na mesma época, ou seja, depois de 1857.

15 Narrativa do encontro da imagem, 1745, ACMA.

16 Existem várias grafias do nome do futuro conde de Assumar, optei por aquela que aparece em sua biografia *O primeiro marquês de Alorna*: dom Pedro Miguel de Almeida Portugal.

17 FRANCISCO, Filipe do Carmo. *O primeiro marquês de Alorna*: restaurador do Estado português da Índia (1744-1750). Lisboa: Editora Tribuna, 2010.

18 Para os padrões daquela época, não o faria parecer tão jovem como hoje.

19 FRANCISCO, Filipe do Carmo. *O primeiro marquês de Alorna*: restaurador do Estado português da Índia (1744-1750). Lisboa: Editora Tribuna, 2010.

20 Dom João V reinou em Portugal entre 1707 e 1750.

21 Em 1720, o envio de ouro do Brasil a Portugal bateu o recorde de 25 toneladas, segundo Holanda (1977, p. 286).

22 FAUSTO, Boris. *História do Brasil*. 6. ed. São Paulo: Editora Edusp, 1998. p. 98.

23 Sobre a construção do convento de Mafra, considero imperdível a leitura do *Memorial do convento*, de José Saramago.

24 HOLANDA, Sérgio Buarque de. *História Geral da Civilização Brasileira*: A época colonial I. vol. 2, 4. ed. Rio de Janeiro: Editora Difel, 1977. p. 272.

25 Ibidem, p. 278.

26 Filipe do Carmo Francisco, em *O primeiro marquês de Alorna*, p. 19, citando Charles Ralph Boxer: "Uma carta inédita da primeira condessa de Assumar para seu filho dom Pedro de Almeida e Portugal".

27 FAUSTO, Boris. *História do Brasil*. 6. ed. São Paulo: Editora Edusp, 1998. p. 60.

28 HOLANDA, Sérgio Buarque de. *História Geral da Civilização Brasileira*: A época colonial I. vol. 2, 4. ed. Rio de Janeiro: Editora Difel, 1977. p. 28.

29 Ibidem, p. 28-34.

30 Discurso de posse de dom Pedro de Almeida como governador da capitania de São Paulo e das Minas de Ouro, em 1717, com base em documentos das bibliotecas de Ajuda e Évora, Portugal, em *Norma e conflito: Aspectos da história de Minas no século* XVIII, de Laura de Mello e Souza, ed. Humanitas/UFMG.

31 Dom Pedro de Almeida Portugal chegou a propor ao rei que se cortasse uma perna dos escravizados para evitar que eles fugissem para formar quilombos e, assim, ameaçassem seu governo – ver REIS, João José; GOMES, Flávio

249

dos Santos. *Liberdade por um fio:* história dos quilombos no Brasil. São Paulo: Companhia das Letras, 1996.

32 HOLANDA, Sérgio Buarque de. *História Geral da Civilização Brasileira:* A época colonial I. vol. 2, 4. ed. Rio de Janeiro: Editora Difel, 1977. p. 35.

33 Até teria existido uma narrativa anterior, escrita enquanto todos os personagens ainda estavam vivos, mas diz a tradição oral que ele ficava no livro de registros da igreja de Santo Antônio, o chamado "Tombo", mas ele teria sido levado por uma enchente na igreja que o guardava. É o que dizem até hoje em Guaratinguetá. Mas há quem diga que o Tombo sumiu porque havia interesse em ocultar algum registro relativo ao lugar de nascimento do frei Galvão, o primeiro santo brasileiro.

34 Calcula-se hoje em aproximadamente seis quilômetros a distância entre a propriedade de João Correia Leite e o lugar que entrou para a história, muito próximo de onde hoje fica o santuário de Aparecida.

35 *Bíblia de Jerusalém*, Lucas 5: 1-11.

36 O nome Pedro (pedra, rocha) foi dado por Jesus, segundo exegetas, com o objetivo de afirmar a nova missão do pescador como pedra fundamental da Igreja Católica.

37 *Bíblia de Jerusalém*, Lucas 5: 1-11.

38 *Bíblia de Jerusalém*, João 21: 4-7.

39 *Bíblia de Jerusalém*, Marcos 1: 16-20; *Bíblia de Jerusalém*, Mateus 4: 18-22.

40 Segundo o padre Júlio Brustoloni, em 1945 o texto encontrado pelo padre Serafim Leite foi enviado à Cúria Metropolitana de Aparecida.

41 Não custa lembrar que eles e sua Companhia de Jesus seriam expulsos do Brasil apenas dez anos depois sob acusação de ganância e enriquecimento ilícito.

42 Relato de 1757.

43 Documentos civis guardados pelo arquivo da Cúria Metropolitana de Aparecida trazem algumas pistas importantes.

44 SAINT-HILAIRE, Auguste de. *Segunda viagem do Rio de Janeiro a Minas Gerais e a São Paulo (1822)*. São Paulo: Companhia Editora Nacional, 1938.

45 Narrativa de 1957.

46 Os antecessores do padre Vilella foram padre Antonio Bicudo de Siqueira e padre Félix Sanches Barreto.

47 ACMA: Livro do Tombo da Paróquia de Santo Antônio de Guaratinguetá, fl. 22.

48 ACMA: escrituras de doação dos terrenos para construção da capela de Nossa Senhora Aparecida.

NOTAS

49 ACMA – no Livro Nº 14 "Relação de assuntos referentes à Capela de N. Sra. Aparecida, apresentados em correção" e também na escritura de doação de Margarida Nunes Rangel, 1 Livro de Receita e Despesa, fl. 12.

50 *Nossas origens: três séculos de história de Aparecida-SP*, Benedicto Lourenço Barbosa, editora Jornal Lince.

51 1 Livro do Tombo da Paróquia de Guaratinguetá, fl. 107.

52 ACMA: Livro de óbitos da capela de Aparecida, p. 79.

53 ACMA: Livro do Tombo de Guaratinguetá, fl. 171, Inventário da Capela – 1745.

54 Os ossos do padre Vilella continuaram guardados no santuário pelo menos até 1880, quando se fez um inventário.

55 Livro do Tombo de Guaratinguetá, Provimento da Visita Pastoral na Capela de 1761, fls. 5v a 6 (in Júlio Brustoloni, p. 94).

56 I Livro do Tombo da Paróquia de Guaratinguetá, fl. 97.

Trevas e redenção

1 SAINT-HILAIRE, Auguste de. *Segunda viagem do Rio de Janeiro a Minas Gerais e a São Paulo (1822)*. São Paulo: Companhia Editora Nacional, 1938.

2 Ibidem, p. 142.

3 Ibidem, p. 139.

4 Tradução direta do inglês em *Travels in Brazil*, Spix and Martius, vol. The First, pp. 306 e 307, in Google Books.

5 SAINT-HILAIRE, Auguste de. *Segunda viagem do Rio de Janeiro a Minas Gerais e a São Paulo (1822)*. São Paulo: Companhia Editora Nacional, 1938. p. 140-41.

6 Ibidem, p. 185.

7 BRUSTOLONI, Júlio J. *História de Nossa Senhora da Conceição Aparecida*: a imagem, o santuário e as romarias. 10. ed. Aparecida: Editora Santuário, 1998.

8 SERRÃO, Joaquim Veríssimo. *História de Portugal*. vol. 4. Lisboa: Editora Verbo. p. 314.

9 BRUSTOLONI, Júlio J. *História de Nossa Senhora da Conceição Aparecida*: a imagem, o santuário e as romarias. 10. ed. Aparecida: Editora Santuário, 1998. p. 177.

10 ACMA: coletânea de documentos, na seção de artigos publicados no *Correio Paulistano*, p. 93.

APARECIDA

11 OCTÁVIO, Rodrigo. *Minhas memórias dos outros,* capítulo 1 "Frei Monte Carmelo". Rio de Janeiro: Editora José Olympio, 1966.

12 Ibidem.

13 ACMA: documento "dados históricos da construção das capelas", pp. 169 e 170.

14 ZALUAR, Augusto-Emílio. *Peregrinação pela Província de São Paulo (1860--1861).* São Paulo: Editora Biblioteca Histórica Paulista.

15 Resposta de Monte Carmelo no *Correio Paulistano,* janeiro de 1884.

16 Artigo sobre Monte Carmelo no *Jornal do Comércio,* Rio de Janeiro, 25 de dezembro de 1936, guardado no ACMA (Cúria de Aparecida).

17 BRUSTOLONI, Júlio J. *História de Nossa Senhora da Conceição Aparecida:* a imagem, o santuário e as romarias. 10. ed. Aparecida: Editora Santuário, 1998. p. 290.

18 Ânuas de Aparecida, 1894. Diário dos padres redentoristas.

19 Ibidem.

20 Usamos aqui os primeiros nomes dos padres alemães em suas formas brasileiras, adotadas ao chegarem.

21 BRUSTOLONI, Júlio J. *História de Nossa Senhora da Conceição Aparecida:* a imagem, o santuário e as romarias. 10. ed. Aparecida: Editora Santuário,1998. p. 288.

22 Ibidem, p. 289.

23 Ânuas de Aparecida, 1894. Diário dos padres redentoristas.

A rainha, os papas e os presidentes

1 Mary del Priore, revista do IHGB, n° 444, p. 282.

2 BARMAN, Roderick J. *Princesa Isabel do Brasil:* gênero e poder no século XIX. São Paulo: Editora Unesp, 2005. p. 134.

3 GOMES, Laurentino. *1889:* Como um imperador cansado, um marechal vaidoso e um professor injustiçado contribuíram para o fim da Monarquia e a Proclamação da República no Brasil. São Paulo: Editora Globo, 2013.

4 Futuramente, essa data seria trocada pelo 12 de outubro, e a festa, exclusivamente dedicada a Nossa Senhora Aparecida, padroeira do Brasil.

5 BRUSTOLONI, Júlio J. *História de Nossa Senhora da Conceição Aparecida:* a imagem, os Santuários e as Romarias. Aparecida: Editora Santuário, 1998. p. 80.

6 A Cúria Metropolitana de Aparecida guarda uma coleção de textos com teor devocional narrando sem precisão jornalística ou histórica o dia da coroação

NOTAS

de Aparecida. Os textos foram coletados por Manuel Marques Pinheiro e publicados sob o título *Annaes Aparecidense* em 1905.

7 Em 1925, o presidente Artur Bernardes rejeitou o pedido dos bispos para fazer uma emenda constitucional "reconhecendo oficialmente a religião católica como a fé do povo".

8 Eram demandas antigas dos padres que seriam atendidas na Constituição de 1934, num momento muito favorável, depois de toda a pressão política exercida, principalmente pelo cardeal Leme.

9 A citação das palavras do cardeal Leme – originalmente publicadas em *Homenagens Nacionaes*, 1931, p. 144 – aparece na dissertação de mestrado de Andréa Queiroz Alves, "Pintando uma imagem – Nossa Senhora Aparecida 1931: Igreja e Estado na construção de um símbolo nacional".

10 O pedido foi assinado pelo austríaco que comandava o santuário de Aparecida naquele momento, o padre Antão Jorge Hechenblaickner.

11 Precisamente na data do Congresso Mariano em que os padres brasileiros encaminharam o pedido para que Aparecida fosse feita padroeira, fim de junho, começo de julho de 1929, os jornais noticiavam uma caçada aos padres católicos, que sofriam atentados, por parte do ditador italiano. Mais tarde, o papa Pio XI seria acusado de fazer um pacto do diabo com Mussolini, em troca de terras, prestígio e a elevação do Vaticano à categoria de Cidade-Estado. Mais tarde, Pio XI teria se arrependido de apoiar o fascismo.

12 O cardeal Leme assumiu o cargo depois da morte do cardeal Arcoverde, outro que teve papel importante na história de Aparecida.

13 SKIDMORE, Thomas E. *Brasil:* de Getúlio a Castelo (1930-64). São Paulo: Companhia das Letras, 2010.

14 Em *Um estudo histórico sobre o catolicismo militante em Minas, entre 1922 e 1936,* de Henrique Cristiano José Matos, livro publicado originalmente pela Universidade do Texas em 1990.

15 II Livro do Tombo da Paróquia de N. S. Aparecida, pp. 140 e 141.

16 Getúlio só seria oficialmente chamado de presidente depois de ser eleito pela Assembleia Constituinte de 1934.

17 DELLA CAVA, R. *Igreja e Estado no Brasil do século* XX: sete monografias recentes sobre o catolicismo brasileiro, 1916-1964. Novos Estudos Cebrasp, São Paulo, 1975, p. 11.

18 *Homenagens Nacionaes a Nossa Senhora da Conceição Aparecida:* Padroeira do Brasil. 1931, cap. 8, p. 158.

19 *O cardeal Leme, um homem de coração,* de Laurita Pessoa Raja Gabaglia, pela editora Agir, 1945.

APARECIDA

20 Telegrama guardado nos Arquivos da Cúria Metropolitana de Aparecida (ACMA).

21 Ânuas de Aparecida, diário dos padres redentoristas do santuário, 1932.

22 Ibidem.

23 Ibidem.

24 Ibidem.

25 GASPARI, Elio. *A ditadura envergonhada*. São Paulo: Companhia das Letras, 2002. p. 109.

26 Ibidem.

27 Ibidem, p. 120.

28 CANCIAN, Renato. *Igreja católica e ditadura militar no Brasil*. São Paulo: Editora Claridade, 2011.

29 Crônica Redentorista de Aparecida, 1963-1973. vol. VII, APPJB (arquivo pessoal do padre Júlio).

30 BRUSTOLONI, Júlio J. *História de Nossa Senhora da Conceição Aparecida*: a imagem, o santuário e as romarias. 10. ed. Aparecida: Editora Santuário, 1998. p. 356.

31 Crônica Redentorista de Aparecida, 1963-1973. vol. VII, 18 de abril de 1964, APPJB (arquivo pessoal do padre Júlio).

32 Crônica Redentorista de Aparecida, 1963-1973. vol. VII, 23 de abril de 1964, APPJB (arquivo pessoal do padre Júlio).

33 Curiosamente, o lugar onde aconteceu um dos primeiros atos das igrejas protestantes em solo brasileiro.

34 BRUSTOLONI, Júlio J. *História de Nossa Senhora da Conceição Aparecida*: a imagem, o santuário e as romarias. 10. ed. Aparecida: Editora Santuário, 1998. p. 210.

35 Documento "A subscrição nacional – a nova e sumptuosa basílica em Apparecida (notas e sugestões)"; in ACMA.

36 Decreto-lei do Governo Federal em resposta ao documento enviado pelo vigário Jorge Antão ao presidente Getúlio Vargas em 5 de maio de 1952; in ACMA.

37 No conjunto de documentos "Notas sobre a construção da Basílica – II" in ACMA.

38 BRUSTOLONI, Júlio J. *História de Nossa Senhora da Conceição Aparecida*: a imagem, o santuário e as romarias. 10 ed. Aparecida: Editora Santuário, 1998. p. 38.

39 *Folha de S.Paulo*, 5 de julho de 1980, p. 5.

40 Ibidem.

41 Ibidem, p. 6.

NOTAS

42 Ibidem.

43 Apenas cinco dias antes, no dia em que o papa pisou pela primeira vez no Brasil, Aparecida ganhara do presidente João Baptista Figueiredo o direito de ter um feriado nacional no dia 12 de outubro para que o povo pudesse cultuá-la. Lei nº 6.802, de 30 de junho de 1980. Art. 1º É declarado feriado nacional o dia 12 de outubro, para culto público e oficial a Nossa Senhora Aparecida, padroeira do Brasil.

44 Pesquisa do Instituto Datafolha divulgada em 6 de maio de 2007, às vésperas da visita do papa Bento XVI ao Brasil.

45 *Folha de S.Paulo*, 13 de maio de 2007, p. 8.

46 A primeira rosa de ouro foi oferecida por Paulo VI, em 1967; o anúncio foi feito ao presidente marechal Artur da Costa e Silva durante a visita que ele fez ao Vaticano.

47 Entrevista de dom Damasceno a um programa da TV Aparecida, Rede Aparecida de Comunicação, emissora oficial do santuário, em 2013, depois da confirmação de que o papa Francisco viria ao Brasil.

Este livro foi composto na tipografia Arno Pro,
em corpo 12/16,3, e impresso em
papel natural no Sistema Cameron da
Divisão Gráfica da Distribuidora Record.